Max Halbe

JUVENTUD

Traducción de Roberto Vivero

Ápeiron Ediciones

2025

Max Halbe

Juventud

Un drama de amor en tres actos

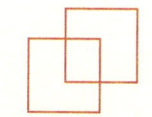

MÁSCARAS

1.ª edición, 2025

Max HALBE, *Jugend. Ein Liebesdrama in drei Aufzügen*,
Georg Bondi, Berlín, 1918

© De la traducción, Roberto Vivero
© Ápeiron Ediciones

C/ Príncipe de Vergara, n.º 132, planta 9
28002 Madrid
Tfno.: (+34) 611 00 28 41
E-mail: info@apeironediciones.com
http://www.apeironediciones.com/

Diseño y maquetación: Ápeiron Ediciones
Imagen: Pierre-Auguste Renoir, *Dos desnudos* (ca. 1897). Fuente:
Wikimedia Commons

Papel procedente de fuentes responsables

ISBN: 979-13-990670-5-7
Depósito legal: M-15543-2025

A MI JUVENTUD

Dime las palabras que tantas veces escuché.
Cántame la canción que en un día me fascinó.
Hace mucho, mucho tiempo…

PERSONAJES

Padre Hoppe. Quincuagenario. De complexión robusta. Rostro redondo y enrojecido. Con un ligero toque de dignidad espiritual sin degenerar en lo eclesiástico. La impresión principal es la de una fuerza pletórica amortiguada por los años y experiencias profundamente interiorizadas. Su ropa es la habitual de los clérigos católicos rurales, pero cómoda, informal, con un toque mundano. Tampoco su barba incipiente cumple estrictamente las ordenanzas.

Annchen. Su sobrina. Tiene dieciocho años. Sus ojos marrones están ligeramente velados. El pelo rubio ceniza cae crespo y desordenado sobre la frente. Es de tipo eslavo, el rostro redondo, figura cálida y plena. En su porte hay algo flexible y ágil. Le encantan los colores llamativos. Alrededor del cuello lleva en un cordón una pequeña cruz dorada.

Amandus. Su hermanastro. Diecisiete años. Espigado, cretino, infantil. Vegeta en una especie de vida animal. Sus instintos animales están muy desarrollados. Sus movimientos son torpes y desmañados, como si no supiese qué hacer con sus extremidades. De pie, parece un campesino idiota. En sus ojos negros acecha la malicia de un animal. Hay que tener cuidado de no provocarlo.

Capellán Gregor von Schigorski. Aunque al final de la veintena, parece de más edad. Es de estatura media y flaco. El ascetismo ha surcado y espiritualizado prematuramente su rostro. El pelo y piel son de color castaño. Su cara está perfectamente rasurada. Hay un tinte azulado en las mejillas lampiñas. Tanto por su actitud como por su manera de hablar es un auténtico sacerdote polaco. Habla con cierta brusquedad y evita cuidadosamente, como todos los clérigos católicos, el tono pastoral protestante, aunque su manera de expresarse es solemne. Toda su pasión se concentra en los pensamientos eclesiásticos. No es un intrigante, sino un fanático.

Hans Hartwig. Un joven estudiante de dieciocho años. Su aspecto es todavía bastante inmaduro. Es rubio, de estatura media, delgado, muy vivaz y movedizo, con indicios de nerviosismo y un bigote incipiente. En su habla rápida y entrecortada se revela un carácter vehemente y de cambios bruscos. En resumen, el embrión de un hombre moderno y temperamental ante su primer año universitario.

Maruschka. Criada. Es del tipo de las campesinas polacas, cabeza de madona sobre una figura que tiende a la exuberancia.

La acción se desarrolla en la Prusia Occidental polaca.

PRIMER ACTO

Casa parroquial en Ruszuo (Rosenau). Sala de estar de tamaño medio separada del salón, al fondo, por cortinas sencillas y oscuras. Antiguos muebles de caoba según una moda ya pasada. Enfrente, a la izquierda, un sofá tapizado oscuro delante de una mesa cuadrada con funda y sillas de mimbre. El centro de la pared izquierda lo ocupa una ventana ancha y no demasiado alta que da al jardín. Al fondo, a la izquierda, un secreter con una pieza añadida para libros. Frente a la ventana que da al jardín, en la pared de la derecha, una puerta que conduce a la cocina y al patio. Delante, a la izquierda, enfrente de la puerta, una estantería bastante alta con libros de Teología e Historia coronada con un crucifijo dorado. Al fondo, a la derecha, un armario. El suelo está cubierto con una alfombra oscura. Encima del sofá suena un reloj de péndulo de pared. Un cuadro de la Virgen mira desde lo alto del secreter.

Es un día de mediados de abril, entre las siete y las ocho de la mañana. El padre Vinzenz Hoppe, con una cómoda bata, está sentado ante el secreter y escribe. Una agradable luz matinal ilumina la estancia. De repente, levanta la mirada y se detiene. El capellán Gregor von Schigorski, Annchen y Amandus entran desde el salón. El capellán viste los ornamentos; Annchen, con un pañuelo colorido y ligeramente coqueto y un abrigo ajustado, lleva un breviario en la mano. Amandus lleva puesta una gorra polaca.

ANNCHEN *(corre hacia su tío)*.—¡Buenos días, tito! *(Le besa la mano.)*

CAPELLÁN *(al mismo tiempo, mientras se quita su bonete)*.—¡Alabado sea Jesucristo nuestro Señor!

HOPPE *(murmura en voz baja)*.—Por los siglos de los siglos, amén. *(En voz alta.)* ¡Buenos días, señorita mía! *(Mira su reloj.)* ¡Tarde, amigos! ¡Muy tarde! La santa misa se supone que no duró más allá de las siete y media… ¡A ver, Amandus, enséñanos los gorriones que has traído!

AMANDUS, con la gorra puesta, no se mueve y sonríe.

ANNCHEN *(se acerca a él y le quita la gorra)*.—Proszę, Kochanie![1] Cuando se entra en casa, hay que descubrirse la cabeza. ¡Cuántas veces más tengo que decírtelo, Amandus! Bien, ¡ahora dale los buenos días al tío! ¡Rapidito! *(Lo empuja hacia su tío.)*

AMANDUS *(sonriente)*.—¡Buenos días, tito! *(Le besa la mano, vuelve a sonreír.)*

HOPPE *(divertido)*.—¡Buenos días, amiguito!

CAPELLÁN *(que mientras tanto ha permanecido en silencio y observando junto a la mesa del sofá; sonriendo, a Annchen.)* ¡Todo lo que hay me meter en un cabeza tan, tan pobre, Panna[2] Annuschka! ¡Ah, la severa señora!

AMANDUS *(mira por la ventana)*.—Parece día bonito… ¡Bonito sol! *(Haciendo una pantomima.)* ¡Calor! *(Sale de repente*

---

[1] En polaco. «¡Por favor, cariño!». *(N. del T.)* A partir de ahora, no se añadirá esta especificación pues todas las notas son del traductor.

[2] En polaco. «Señorita».

por la puerta, gira la cabeza de nuevo, grita, sonriendo.) ¡Primavera! ¿Sí?… *(Hace una pantomima interrogativa y desaparece.)*

ANNCHEN *(llamándolo).*—¡Sí, primavera, hermanito mío, primavera! *(Alegre.)* ¡Ya se fue el granuja; visto y no visto! ¡Que Dios se apiade de mí! ¡Aquí estoy, a las ocho menos cinco, y mi tío aún no tiene su café! ¡Deme mi merecido, querido tío! Pero la culpa es del señor capellán. ¡¿Por qué alarga tanto la misa?! *(Se quita el pañuelo y el abrigo mientras Hoppe sigue trabajando en el secreter.)*

CAPELLÁN *(se había girado para irse, pero vuelve a darse la vuelta).*—¿Regatearle a Dios, Panna Annuschka? ¿Hacer el sacrificio de la misa a toda prisa, Pannie[3]? ¿Quiénes no tendrán tiempo para su Señor, cuando nuestro Señor un día… *(haciendo un gesto)* quizá tampoco tenga tiempo para ellos?… ¡Algún día, Pannie! *(Se gira de nuevo hacia la puerta de la derecha y sale lentamente.)*

ANNCHEN *(yendo tras él).*—¡No vuelva a leer durante tanto tiempo allí arriba, señor capellán, no vuelva a permitir que se enfríe el delicioso café! *(Regresa al cuarto.)* ¡Qué desabrido se pone el capellán cuando se le dice algo! *(Llama.)* ¡Maruschka!… ¡Maruschka! ¿Está ya el café?… ¡Maruschka! *(Vuelve a ir a la puerta.)*

VOZ DE MARUSCHKA *(desde la cocina).*— Tak[4], Pannie! Tak! Tak!

Annchen sale.

---

[3] En polaco. «Señorita».
[4] En polaco. «Sí».

HOPPE *escribe aún durante un rato, se detiene, se levanta, camina arriba y abajo con signos de impaciencia, compara su reloj de bolsillo con el reloj de pared.*

ANNCHEN *(llega con el juego de café).*—¡Ya, tito! ¡Ahora mismo lo tomamos! ¡Ya! ¡Ya! ¡Ya! *(Ordena la mesa del café.)*

HOPPE *(caminando arriba y abajo).*—¡El bueno de Gregor! Hay gente que no termina nunca. ¡Convierte una pequeña misa en una misa pontificia! Y, total, para nada. Eso no sirve para nuestra gente. Mejor un padrenuestro que un largo sermón. ¡El bueno de Gregor aún lleva el seminario metido en el cuerpo! *(Se sienta ante la mesa del café.)*

ANNCHEN *(de pie junto a la mesa).*—Ah, tito, lo hace con la mejor intención. Pero no lo ve como usted. ¡Dios mío! ¡Hace un año que celebró su primera misa! ¡Vamos, igualito que usted, sacerdote desde hace casi veinticinco años! ¡Cuando veo lo rápido que usted lo hace! ¡Uno, dos, tres! ¡La gente prefiere que usted celebre la misa! *(Se golpea la cabeza.)* ¡Ah, tonta de mí! ¡Sin nata agria! ¡Tampoco mantequilla! *(Sale corriendo y regresa de inmediato con nata y mantequilla.)* ¡Aquí están! ¡Así! ¿Lo unto, tito? *(Unta el pan.)*

HOPPE *(bebiendo café).*—¡Pues el bueno de Gregor tendrá que aprenderlo! *(Meditativo, medio para sí.)* Mañana es la misa de difuntos por Ostrowska…

ANNCHEN *(va a la ventana, la abre, llama).*—¡Amandus, el café! *(Regresa, se sienta en el sofá, empieza a beber café, se queda ensimismada en sus pensamientos. Dice, de repente:)* ¡Cuando lo pienso, la Ostrowska! ¡Pobre! ¡Qué duro tuvo que hacérsele morir! ¡Dejar a los pequeños solos en el mundo! ¡Sin nadie!

¡Siempre pienso que tiene que volver! ¡No puede tener paz en la tumba!

HOPPE.—Eso mismo pensaba también tu buena madre. ¡Cuántos años han pasado! ¡Todavía la oigo como si fuese hoy! ¡Como si la estuviese oyendo ahora mismo! ¡La pobre niña! Allí arriba, Anna… Allí arriba todos volveremos a vernos.

ANNCHEN *(cándida).*—¿Y de verdad que no se puede regresar? ¿Tampoco como un espíritu? ¡Ah, tito!

HOPPE *(volviendo a beber, en tono más ligero).*—Yo aún no me he encontrado con ninguno, Anna. Y ya tengo cincuenta y dos años. Tenemos que conformarnos con cómo somos. Sí te digo que si tu madre hubiese podido, sin duda habría vuelto. Se separó de ti con gran dolor, me lo puedes creer. Pero hay que resistir… Hay que resistir.

ANNCHEN *(tras un instante, en voz baja).*—Tito, ¿cómo era mi madre? ¿Como yo?

HOPPE.—¡Igual que tú! Pero el pelo un poco más oscuro… Y un poco más corpulenta… *(Absorto.)* Un poco más corpulenta… ¡Pero no mucho! ¡Nuestra Jettchen! ¡Sí!… ¡Preciosa criatura!

ANNCHEN.—Siempre me enfado cuando Amandus dice que se parece a mamá.

HOPPE.—Amandus se parece a su padre. ¿No conociste a tu padrastro?

ANNCHEN.—Muy poco, muy poco.

HOPPE.—¡Un hombre apuesto! Y una mente abierta. *(Sonríe.)* Por desgracia, eso no lo ha heredado de su padre nuestro pobre Amandus.

Silencio.

ANNCHEN *(en voz baja).*—¿Y mi padre?

HOPPE *(serio).*—¿Por qué me lo preguntas?

ANNCHEN *(guarda silencio durante un momento y de repente abraza a su tío).*—Tito, hoy tengo que pensar en todo eso porque es el cumpleaños de mamá.

HOPPE *(sorprendido).*—El cumpleaños de Jettchen… Ya ves qué olvidadizo se vuelve uno. Podrían haberme matado… *(Junta las manos.)* ¡Que la tierra le sea leve!

Silencio.

ANNCHEN *(dudando).*—Tito, no se enfade conmigo si le pregunto una cosa.

HOPPE.—¿Qué quieres saber, pequeña?

Annchen *(vacilante).*—¿Mamá lo pasó muy mal por culpa… por culpa de su… su… pecado?

HOPPE.—¡Deja que descanse en paz, Anna! Tu buena madre expió sus pecados. Dios la ha perdonado.

ANNCHEN.—¿Y usted también?

Hoppe.—¡Cada uno carga con su cruz! ¡Que Dios nos perdone como la perdonó a ella!… ¿Por qué piensas eso?

ANNCHEN *(reprime el llanto, en voz baja).*—Porque mamá… murió muy pronto.

HOPPE.—Tu padrastro era un buen hombre. Cuidó de ti como de su propio hijo. Tienes mucho que agradecerle… Incluso tu nombre. Pero tengo que decirte que tu madre no se perdonó a sí misma. Pero eso no llegó a envejecer…

Silencio. Beben el café mecánicamente.

ANNCHEN *(de repente).*—¡Qué habría sido de nosotros sin usted!

HOPPE *(evasivo)*.—Bueno, ¿y por vuestra culpa tengo que seguir viviendo durante mucho tiempo?

ANNCHEN *(de repente)*.—¿Sabe qué haría si usted dejase de quererme a su lado?

HOPPE *(sonriendo)*.—¡No, señorita! ¿Casarse?

ANNCHEN.—¡Me haría monja, ingresaría en un convento!

HOPPE.—¡Si te admiten, Anna! ¡Esto tendrás que pensarlo mucho! Mucho tendrás que pensarlo... ¡Con eso no se juega! Pero ya me imagino quién está detrás de esa ocurrencia.

ANNCHEN *(negando con la cabeza)*.—¡Qué va!

HOPPE *(sin inmutarse)*.—¡Es otra vez nuestro buen Gregor!

AMANDUS *(entra corriendo desde la cocina, le enseña algo a Annchen, grita con risa estúpida)*.—¡Mira! ¡Mira!

HOPPE *(medio enfadado)*.—Jovencito, estás completamente...

ANNCHEN *(lo mira asombrada)*.—¡Un rabanillo! ¡Tito, ha encontrado un rabanillo! ¡El primero!

AMANDUS *(señala el café y a continuación a sí mismo con sonrisa interrogativa)*.—¿Café?

ANNCHEN *(lo empuja hacia la silla de su izquierda)*.—¡Así! ¡Sentado, jovencito! ¡Bebe! *(Le llena la taza.)*

HOPPE *(ha examinado el rabanillo y lo deja)*.—¿De dónde lo has arrancado, Amandus?

AMANDUS *(sonriendo)*.—¡Almajara!

ANNCHEN.—¡Ahora sí que ha llegado la primavera! ¡Tito, quiero bailar!

CAPELLÁN *(ha entrado por la derecha y ha oído las últimas palabras)*.—¿Bailar, Pannie? ¿Bailar hoy? *(Se acerca a la mesa, la amenaza con el dedo. Se ha quitado los ornamentos y lleva puesta una levita negra.)*

ANNCHEN *(algo coqueta).*—¡Ah, el señor capellán siempre tiene que oírlo todo!

CAPELLÁN *(se ha sentado; serio).*—¿Hoy, Panna Annuschka? ¿Precisamente hoy?

ANNCHEN baja la cabeza, se calla.

HOPPE *(un poco cortante).*—A ver, ¿qué os pasa con el día de hoy?

ANNCHEN *(a toda prisa).*—Tito, ya sabe… Mamá…

HOPPE se levanta en silencio y camina de un lado a otro. Pausa.

CAPELLÁN *(bebiendo café).*—Padre, he pensado si hacemos una misa por el alma de la difunta… La próxima misa, quizá. Panna Annuschka lo ha dicho demasiado tarde, de lo contrario podríamos haberla hecho esta mañana.

HOPPE *(caminando arriba y abajo).*—Anna, creo que sabes que hasta ahora siempre hemos celebrado en agosto la misa por el alma de tu querida madre. El día de su muerte.

ANNCHEN.—¿Y no podemos celebrarla dos veces?

HOPPE *(deteniéndose delante de ella).*—Si quieres hacer algo especial para tu madre…

ANNCHEN.—Sí, ¿no le parece, tito? El señor capellán piensa lo mismo.

CAPELLÁN.—Según las enseñanzas y preceptos de nuestra santa Iglesia, Panna Annuschka.

HOPPE *(caminando arriba y abajo).*—Por supuesto, pequeña, podemos celebrar la misa por tu querida madre.

AMANDUS, *que ha estado observando largamente el rabanillo sobre la mesa, lo coge de repente y lo devora con placer.*

ANNCHEN *(fingiendo enfado).*—¡Puaj, Amandus, no lo has lavado! ¡Con tierra y todo lo demás! ¡No te da vergüenza! ¡Puaj!

AMANDUS *(se da una palmada en la barriga, sonriendo con satisfacción).*—¡Rico! ¡Rico!

HOPPE *(pensativo, no ha dejado de caminar arriba y abajo).*—¡Nuestros jóvenes! ¡Sí, sí, la querida juventud! ¡Se lanzan a por todo! ¡Querrían construir Roma en un día! Más tarde… A medida que se van cumpliendo años…

CAPELLÁN.—Uno se hace viejo y se enfría, reza un dicho alemán.

HOPPE *(se detiene).*—Ahora, vosotros, los jóvenes del seminario, tenéis muchas cosas en la cabeza. Pero cuando llega el momento de ponerlas en práctica, ¡entendéis demasiado poco de la vida! Y eso es lo que yo espero, ante todo, de un clérigo.

CAPELLÁN.—¿Pero de dónde procede el conocimiento de la vida? ¿Cómo resistir a las seducciones de la vida, a las tentaciones, a la duda, a los ataques de los adversarios cuando el conocimiento teológico no acude en ayuda de nuestra fe? Un sacerdote sin el conocimiento de nuestra venerable tradición teológica es como un soldado sin armas al que los enemigos atacan y apresan.

HOPPE *(ha vuelto a sentarse delante de la mesa del café).*—Cuando pienso en mi juventud y os veo a vosotros, de verdad que a menudo me asombro. Nosotros también teníamos un buen conocimiento de las Escrituras. Aún puedo discutir con quien sea. Sobre dogma y lo que se quiera. Pero nosotros abordábamos el asunto desde el otro extremo.

ANNCHEN.—Ah, tito, usted puede hacer todo lo que quiera.

HOPPE *(pensativo)*.—¡Sí, lo que se tenía en la cabeza cuando se era un joven capellán! ¡De verdad que he trabajado como un burro! ¡Pero no detrás de los libros! Para eso no había tiempo. Mi párroco no me habría mirado muy bien. ¡El trabajo práctico en la parroquia! Para eso también conocía a cada uno de mis parroquianos por su nombre de pila. La gente habría pasado por el fuego por mí. Así se consigue una imagen de la vida. ¡Y también hubo algunas horas placenteras! Ah, sí, hijos míos, cuando todavía se es un saltabardales…

ANNCHEN.—¡Pero, tito, usted aún es joven!

HOPPE.—Sí, el corazón es joven aunque los huesos ya son viejos.

ANNCHEN *(bromista)*.—Y nuestro señor capellán, que siempre está tan serio, tan adusto…

CAPELLÁN *(grave)*.—Los temperamentos no son iguales, Panna Annuschka. Tenemos que conformarnos con lo que la suerte nos ha deparado.

MARUSCHKA *(asoma la cabeza por la puerta; grita)*.—Pannie! Prosza[5] Pannie! Poczta[6]!

ANNCHEN *(se levanta y se acerca a ella)*.—Tito, ¡su periódico! *(Le coge el correo a Maruschka.)* ¡Cuántas cosas hay hoy!

MARUSCHKA se queda mirando un momento y luego sale.

AMANDUS *(mira insistentemente por la ventana y, de repente, grita)*.—¡Todas las gallinas! ¡Todas las gallinas! *(Se pone de pie de un salto, va a la puerta y sale.)*

---

[5] En polaco. «Por favor».
[6] En polaco. «Correo».

ANNCHEN *(le ha dado el correo a Hoppe y corre a la ventana).*—¡¿Pero qué le pasa ahora?! *(Mira por la ventana.)* ¡Dios mío, las gallinas están en el jardín! ¡Pero todas! ¡Y cómo picotean! ¡Nuestra semilla de hierba! *(Abre la ventana.)* ¡Rápido, Amandus! ¡Rápido!

HOPPE *(con el correo en la mano).*—¿Consigue sacarlas de ahí?

ANNCHEN *(mirando con avidez).*—¡Y Bello siempre detrás! ¡Eso sí que es un perro! ¡Ahora las persigue por separado! *(Gritando.)* ¡Bello, sigue así! ¡Por la puerta, Amandus, por la puerta!

HOPPE *(examinando el correo, distraído).*—¿Lo consiguen?

ANNCHEN *(más tranquila).*—¡Sí! ¡Ahora! ¡Por fin! *(Cierra la ventana.)* Habrían picoteado todas las semillas.

HOPPE.—Señor capellán, aquí hay una carta para usted. Matasellos de Breslavia. *(Le da la carta.)*

CAPELLÁN *(abre la carta con impaciencia).*—¡Ah, cierto! ¡Antes de lo que esperaba! *(Lee.)*

HOPPE *(coge una tarjeta postal).*—¿De quién es esta letra? ¡No la conozco!

ANNCHEN *(vuelve a la mesa).*—¿No hay nada para mí?

HOPPE *(mientras lee).*—Nada. ¿Esperas algo? *(Levantando la vista.)* Oye, Anna, ¿sabes que vamos a tener visita?

ANNCHEN *(incrédula).*—Está usted de broma. ¡¿Visita?! ¿A nosotros? ¡Qué va! ¿De quién?

HOPPE *(socarrón).*—¡Adivina, señorita!

ANNCHEN *(todavía incrédula).*—¡¿Visita?! ¡Quién va a venir! Ah, tito, va a venir el padre Panetzki… O el padre Bartel… O el deán… ¿Sí? ¡Dígalo, por favor! *(Intenta hacerse con la postal mediante carantoñas.)*

HOPPE *(sin ceder).*—¡No, no es un párroco! ¡Otro!

ANNCHEN *(curiosa).*—¿No es un párroco? Entonces… ¡un capellán! ¡Ah, tito, déjeme ver! *(Pensando.)* Pero, entonces, ¿quién? ¡¿Quién?!

HOPPE *(divertido).*—¡Tampoco es un capellán! ¡No tiene nada que ver con la Iglesia! ¡Es alguien completamente diferente! ¡Alguien que jamás se te ocurriría! ¡Un joven estudiante!

ANNCHEN *(boquiabierta).*—¡¿Ehhh?? *(Otra vez decepcionada.)* ¡Oh, no! ¡No puede ser verdad! Sé que quiere despertar mi curiosidad pero todo quedará en nada. ¡No me lo creo! *(Pensando.)* ¿Un joven estudiante?

HOPPE.—¡Recién salido del instituto! ¡Hans Hartwig! *(Le da la postal.)* ¡Lee!

ANNCHEN *(sumamente sorprendida).*—¡¿Hans Hartwig de Lichtenau?! ¡¿El primo Hans?!… ¿Cuándo viene, cuándo?

HOPPE.—El primo Hans, sí. Al que conociste cuando eras pequeña. Tenéis más o menos la misma edad.

ANNCHEN *(entusiasmada).*—¡El pequeño Hans! ¡El pequeño Hans! *(Leyendo.)* ¡Dios mío! ¡Qué letra! ¡Pero así son las personas inteligentes! *(Levantando la mirada.)* ¿Y no decía siempre usted que el primo Hans tenía que ser inteligente? *(Vuelve a leer.)*

HOPPE.—Sí, por lo que he oído contar sobre él. Piensa, Anna, que lo vi por última vez cuanto tú también estabas en Lichtenau. Erais unos pequeñuelos, cada uno más diminuto que el otro.

ANNCHEN *(otra vez fuera de sí).*—¡Bueno, pero este Hans! ¡Mira que venir ahora! ¡Como universitario! Aún recuerdo cómo era. ¡Tan pequeño e irascible! Pero conmigo siempre fue muy bueno. ¡Tenía buen corazón! *(Vuelve a leer.)*

HOPPE *(pensativo).*—¡Como su madre! Tu tía es una mujer muy inteligente. ¡Muy inteligente!

ANNCHEN *(levantando la mirada).*—¡Y con qué estilo escribe! ¡Como un auténtico universitario! ¡Uno, dos, tres! «Querido tío, examen aprobado, ¡soy libre!». ¡Piénsalo, tito, aprobar el examen de acceso a la universidad! Y cuando veo a nuestro Amandus…

CAPELLÁN *(ha leído su carta una y otra vez, varias veces ha quedado sumido en profundas reflexiones, a continuación ha metido la carta en el sobre y ha escuchado con atención; habla en tono de reproche).*—Bienaventurados los pobres de espíritu, Pannie, pues suyo es el reino de los cielos.

ANNCHEN. —¡Piénselo, tito! ¡Haber llegado tan lejos solo con dieciocho años! ¡Es que somos de la misma edad! ¡E ir a la universidad! *(Bailando por la sala.)* ¡Este Hans! ¿Pero cuándo viene? ¿Qué dice? *(Va de nuevo a la mesa para leer la carta.)*

CAPELLÁN *(serio).*—¡Nuestra Panna! ¡Padre, nuestra Panna! ¡Está completamente fuera de sí!

ANNCHEN.—¿Es que uno no debería alegrarse con la visita de alguien con quien ha jugado de pequeño? Tito, ¿también usted se ha puesto serio de repente? ¿Porque viene Hans? *(Se acerca a él y le pasa un brazo por los hombros.)*

HOPPE *(abstraído).*—Mira, Anna, de la misma manera que tú estuviste con Hans, yo lo estuve con su madre. ¡Pero durante años! No solo un par de días, como vosotros.

ANNCHEN *(a su lado).*—¿No solo de niños?

HOPPE.—En efecto, pequeña. También cuando teníamos vuestra edad. Fuimos juntos a la escuela. Es decir, en la misma ciudad, claro. Hasta que me fui a la universidad.

ANNCHEN *(sorprendida).*—¡¡Cómo!? ¿Usted también fue a la universidad? Pensaba que había ingresado inmediatamente en el seminario.

HOPPE.—¡Fíjate en todo lo que aún tienes que oír sobre tu viejo tío! Sí, quería ser médico. Y también era un buen mozo en mi época de Breslavia.

ANNCHEN.—¡Me lo creo, tito! ¡Me lo imagino claramente! ¡Con el gorro de estudiante! Seguro que se sabía todas las canciones estudiantiles… ¿Cree que el primo Hans también se pondrá un gorro de estudiante?

HOPPE.—No lo sé, Anna. Tendrás que esperar a que llegue para preguntárselo.

ANNCHEN *(impaciente).*—Sí, pero ¿cuándo llega? ¡No lo dice! ¡Y hay que prepararse!

HOPPE.—Según la postal, ya debe de estar de camino. No puedes estar esperándolo cada día, Anna.

CAPELLÁN.—El joven aparecerá a su debido tiempo. Si supiera qué ansiosamente lo espera la Panna, quizá se diese más prisa.

ANNCHEN *(sin hacerle caso).*—¡Tengo que hacer algo de repostería! ¡Tengo que hacerlo! ¡Y tenemos que pedir carne a la ciudad! Es terrible que en la aldea no se puede conseguir nada. ¡Que Sczychowski vaya de inmediato! Tito, ¿hago gofres o un bizcocho?

HOPPE *(distraído)*.—Ya ves, pequeña, a punto estuvo tu tío de convertirse en un médico en vez de en un sacerdote. Y ninguno de nosotros estaríamos ahora aquí...

ANNCHEN *(a su lado)*.—¡Y nos alegramos de que haya sido así! ¿Verdad? ¡Ah, tito, alégrese! Y cuando llegue Hans, cantaremos y bailaremos y saltaremos. El señor capellán también tiene que bailar. ¡Y usted nos cantará una canción! ¡De su juventud! ¡Una canción estudiantil! *Un alegre músico...*

HOPPE *(continuando la canción)*.—*Paseaba a orillas del Nilo...*

ANNCHEN *(alborozada)*.—¡Mire qué bien nos sale! Y Hans también cantará... ¿No tiene también usted curiosidad por ver cómo es ahora Hans?

HOPPE.— ¡Parecido a su madre, Anna! Hans salió a su madre. De la misma manera que tú de niña te parecías... *(Se levanta.)*

ANNCHEN.—¿A dónde va?

HOPPE.—A rezar mi breviario en paz. Ya sabes que esta es mi hora... *(Coge un libro del secreter y sale lentamente.)*

ANNCHEN *(yendo, alegre, de aquí para allá)*.—Ah, hoy estoy tan... ¡No sé ni dónde tengo la cabeza! ¡Y en un día de primavera tan precioso como este! ¡Una primavera preciosa! *(Abre la ventana que da al jardín, mira afuera y respira profundamente.)* ¡Cuánto calienta el sol ya de mañana!

CAPELLÁN *(muy serio)*.—Y es el cumpleaños de su pobre madre, Panna Annuschka, a la que hoy aún no hemos dedicado una misa.

Annchen *(junto a la ventana, abstraída).*—Nunca me paré a pensar en que mamá nació en primavera. Nunca lo había pensado.

Capellán.—Pero la vida de tu madre no fue muy primaveral que se diga. *(Se levanta y camina por la sala.)*

Annchen *(con un profundo suspiro).*—¡Que siempre vuelva esto! ¡Ha pasado tanto tiempo! Mi tío también ha dicho que mamá había confesado y expiado el pecado. Dios la llevó a su lado. Por qué hay que estar siempre pensando en eso. ¡Mamá lleva mucho tiempo enterrada! *(Se sienta en una silla junto a la ventana.)*

Capellán *(de pie, con expresión ascética).*—¡Pero el pecado de la difunta no está enterrado! El fruto del pecado vive y se aferra a los pensamientos mundanos, Panna Annuschka. Incluso en este día solemne, la conciencia que palpita en nuestro interior queda ahogada y la voz del pasado, silenciada. Pero qué posibilidad hay de olvidar el pecado mientras el hijo del pecado viva en el vano placer mundano. *(Se ha puesto detrás de ella y ha hablado en un tono elevado.)*

Annchen *(con la cabeza agachada, casi llorando).*—¿Pero yo qué he hecho, querido señor capellán? ¿Porque me he alegrado de la visita del primo Hans?

Capellán *(caminando, de nuevo, arriba y abajo).*—Ah, Pannie, el destino de su pobre y pecadora madre está en su camino como un ejemplo de advertencia, como una mano alzada que señala el lugar del arrepentimiento y la paz, hacia su propia salvación eterna y la salvación de la pobre alma de la difunta de los tormentos del purgatorio… ¡Ofrézcase en sacrificio! *(Extasiado, delante de ella.)* ¡Pobre alma descarriada, encuentre el coraje de la superación! ¡Deje que caiga sobre usted la luz del Espíritu Santo!

ANNCHEN *(desesperada).*—¡Pero sin el tío no puedo entrar en el convento! Y él aún no quiere. ¡Soy demasiado joven! *(Medio llorando.)* ¿Por qué es usted tan severo conmigo? Nunca había tenido un confesor tan severo.

CAPELLÁN *(se ha sentado a su lado).*—¿Severo, hija mía? Porque soy el responsable de la salvación de su alma… ¡cuando llegue el día del juicio final! Porque cuando llegue el día en el que el Juez todopoderoso me pregunte, no quiero presentarme con las manos vacías. Por eso he abogado por usted ante las vicencianas de Breslavia. Puede vestir los hábitos cuando quiera, siempre que esté convencida. Aquí está la carta. ¡Qué divina providencia que precisamente en el día de hoy hayamos recibido el consentimiento de la hermana superiora! *(Ha buscado la carta en su bolsillo interior y se la da a Anna.)*

ANNCHEN *(compungida).*—¡Dios mío! ¡Pero aún no puedo! *(Solloza con la carta en la mano, pero sin leerla.)*

CAPELLÁN *(benévolo, le pone una mano en la cabeza).*—No queremos obligarle, hija mía, si su propia voluntad no la impulsa. La ofrenda ha de hacerse por propia voluntad para que podamos participar de sus frutos. Pero busque el designio en su interior, pida ayuda a la Santa Madre de Dios… Créame, la fuerza llegará. Cuando esté ante el Salvador como una novia pura, entonces se librará del pecado y su pobre madre entrará en la paz eterna.

ANNCHEN *(estremecida, junta las manos).*—¡Mamá, mamá!

CAPELLÁN.—¡Y también usted, hija! ¡Si pudiese ver cuánta felicidad hay para usted en esta carta! ¡Ya no más tentaciones!

¡Ya no más malos pensamientos! ¡Ya la paz en la tierra por la que los demás debemos luchar tan duramente! ¿No quiere leer la carta de la hermana superiora?

ANNCHEN *(se levanta de un salto, se pone a recoger la mesa del café)*.—¡No, ahora no, de verdad, señor capellán! ¡Ahora no puedo! Ya he tenido bastante... *(Suena el reloj de pared.)* ¡Dios mío, ya son las nueve! ¡Y si hoy llega Hans! ¡No he hecho nada! ¡Ni siquiera un pastel! ¡Nada de nada! ¡Pero ahora mismo me pongo! *(Recoge la mesa.)*

CAPELLÁN *(desesperado, se golpea la cabeza)*.—¡Ah, Panna Annuscka! ¡Ah, Panna Annuschka!

MARUSCHKA *(asoma la cabeza por la puerta de la cocina, hace señas misteriosas)*.—Pannie... Pannie...

ANNCHEN *(va a la puerta, Maruschka le susurra algo al oído; a media voz)*.—¿Un joven? ¿Aquí...? ¿¿Con un co...?? *(De repente, fuera de sí.)* ¡Es Hans! ¡Es Hans! ¡Y yo con la bata puesta! ¡Rápido, rápido, Maruschka! ¡Haz que entre! ¡No dejes que esté fuera tanto rato, tonta! ¡Pero espera! ¡Iré yo a recibirlo! Además... *(Corre para mirarse en le espejo.)* ¡Ah, está bien! ¡Ni se fijará! *(Durante un momento delante del capellán.)* ¿Estoy bien, señor capellán? ¡Ah, y mi pelo! *(Se coloca rápidamente el pelo.)*

CAPELLÁN *(sombrío)*.—¡Vaya usted, Pannie! ¡Adelante!

ANNCHEN *(entusiasmada)*.—¡Hans! *(Sale con Maruschka, que se había dedicado a recoger la mesa del café.)*

El CAPELLÁN *se pone de pie, camina arriba y abajo con las manos detrás de la espalda. Después de un momento, Amandus aparece en la puerta, se acerca con gestos interrogativos, señala hacia fuera.*

AMANDUS.—¡Caballo bonito fuera! ¡Extranjero!

El CAPELLÁN, *sin responder, sigue caminando de aquí para allá. Amandus se queda escuchando en medio de la habitación. Breve pausa. Voces en el exterior.*

HANS *(en la puerta, con Annchen).*—Sí, lo del coche al final fue magnífico.

ANNCHEN *(cohibida, con la cara roja).*—Por favor, pase a nuestra sala de estar. Ya sabe cómo es... Todo muy sencillo... El tío... *(Se para y, avergonzada, mira a Hans.)*

CAPELLÁN *(junto a la ventana, haciendo una inclinación formal).*—Buenos días.

ANNCHEN *(se ha acercado, todavía un poco cohibida).*—Este es... Ejem... El primo Hans... Y este es el señor capellán von Schigorski... *(En tono de broma.)* Siempre le llamo nuestro señor capellancito. *(Ambos vuelven a saludarse con una inclinación.)*

HANS *(junto a la mesa, mirando a su alrededor).*—¡¡Aquí, pues!! ¡Aquí!... Así lo había imaginado. Tan acogedor y... *(mira a Annchen.)* ¡Sí, ciertamente! ¡Justo así!

ANNCHEN *(todavía cohibida mientras intenta tragarse el «usted»).*—Ah, el tío es tan... Todo tiene que estar así. Como en el pasado... Pero sentémonos. Eh... Tiene que estar usted muy cansado. *(Mira directamente a Hans.)*

HANS *(recuperando la naturalidad).*—¡Nada, un pequeño camino! Y con el objetivo de llegar aquí... Pero, prima Annchen, como vuelvas a tratarme de usted, no me siento y me marcho en el acto. ¡Usted! ¡Es ridículo!

ANNCHEN *(se ha puesto colorada, se gira hacia un lado, descubre a Amandus, quien, desde que han entrado, está escondido detrás del armario).*—¡El mocoso maleducado! ¡Escondido detrás del armario en vez de dar los buenos días! *(Avanzando un paso.)* Venga, ¡sal de ahí, hermanito!

HANS *(asombrado).*—¡Así que este es Amandus! ¡Vaya!

AMANDUS *(haciendo muecas).*—¡No, no!

ANNCHEN *(un poco enfadada).*—¿De verdad tendré que sacarte de ahí? ¡Amandus! ¡Espera, se lo diré al tío! *(Gritando.)* ¡Tito!

CAPELLÁN *(aún junto a la ventana).*—¡Dejémoslo en su rincón, Panna Annuschka! Cuando se haya acostumbrado a las novedades, no se esconderá del señor estudiante.

ANNCHEN *(entre enfadada y divertida).*—¡Pues quédate ahí hasta que te salgan canas! *(Se vuelve hacia Hans.)* ¡No vamos a preocuparnos por este joven bobo!

HANS *(yendo hacia Amandus).*—Pero yo tengo que darle los buenos días. No hay necesidad de que sea tan tímido conmigo. *(Le tiende la mano.)* ¡Buenos días, Amandus!

AMANDUS *(haciendo muecas).*—¡Buenas!

HANS *(delante de él, sonriendo).*—¿Cómo estás? ¿Bien?

AMANDUS lo mira fijamente y de repente pasa entre Hans y el armario y sale corriendo.

HANS *(regresa encogiéndose de hombros).*—¡Nada que hacer! Bueno, ya veremos. ¿Está siempre así? *(Se pone delante de Annchen.)*

ANNCHEN *(disgustada).*—¡Sí! Bueno… ¡Espera y verás, jovencito!

CAPELLÁN *(interrumpiéndola).*—¡Por favor, Pannie! No siempre está así. Solo cuando quiere expresar una antipatía especial.

ANNCHEN *(mira fijamente a Hans sin oír al capellán; de repente, entusiasmada).*—¡Pero, el tío! ¡El tío! ¡Qué sorpresa se va a llevar! *(Sale corriendo.)*

HANS *(al capellán).*—¿Ah, sí? ¡Qué divertido! Entonces, si fuese por Amandus, tendría que volver por donde he venido.

CAPELLÁN *(encogiéndose de hombros).*—¡Quién puede conocer los misterios de esa pobre alma!

HANS *(caminando, pensativo, arriba y abajo).*—¡Así que esto es Rosenau! ¡Rosenau!... ¡Por fin lo encontré!

CAPELLÁN.—¿Ha tenido problemas con el camino para llegar aquí?

HANS *(deteniéndose).*—Bueno, esa es una historia muy complicada. ¡Como el camino al país encantado!

HOPPE *(aparece en la puerta con Annchen; debido a su miopía, no reconoce en el momento a Hans).*—Entonces, ¿no es Hans?

ANNCHEN *(seria).*—¡No, tito, no lo es! ¡Es un extraño! Yo tampoco lo conozco.

HANS se acerca sin decir nada.

HOPPE *(también se acerca con pasos cortos).*—¡Me llamo Hoppe! ¿En qué puedo servirle? *(Dándose cuenta.)* ¿Han...?

HANS *(yendo hacia él, alegre).*—¡Tío Hoppe!

HOPPE *(abrazándolo a la manera polaca).*—¡Así que Hans Hartwig! *(Lo mira.)* Sí, sí, este es el rostro...

ANNCHEN *(aplaude).*—¡Era broma, tito! ¡Una broma!

HOPPE.—¡Quién lo iba a creer cuando viniste con esa cara tan seria! ¡Engañar a un pobre viejo!... Hans, ten cuidado con la señorita.

ANNCHEN.—¿Pero de verdad confundió a Hans con un vendedor de vinos?

HOPPE *(sonriendo)*.—¡Las mujeres sois unas granujas, nos tomáis el pelo como si nada!

HANS *(bromeando)*.—¡Conmigo lo tienen difícil!

ANNCHEN *(con fervor)*.—Pero, tito, ¿no tiene el señor Hans un bigote bien bonito? *(Mira, orgullosa, a Hans.)*

HANS *(un poco avergonzado)*.—¡Ahora toca la inspección general! ¡Es para ponerse colorado!

ANNCHEN.—¡Oh, no! *(De nuevo, sumida en su observación.)* ¡Tan joven y tan…!

HOPPE *(saliendo de su ensimismamiento)*.—¡Pero, hijos, creo que os estáis tratando de manera demasiado formal! ¿Aún no os habéis dado un beso?

HANS.—No he recibido ninguno. *(Con ligera excitación.)* Bueno, ¿me das uno, Annchen?

ANNCHEN se entrega a Hans con una mirada plena y sin palabras.

HANS le da un beso y la prieta ligeramente contra él.

HOPPE *(va a la mesa)*.—¡Así, hijos míos! Sois primo y prima. Si bien en segundo grado. Tu querida madre, Hans, es prima mía. Por supuesto, también de la bendita madre de Anna, nuestra Jettchen.

CAPELLÁN *(ha ido lentamente de la ventana a la puerta)*.—Ruego me disculpen…

ANNCHEN *(siguiéndolo)*.—¿No quiere quedarse a desayunar? Enseguida preparo algo.

CAPELLÁN.—Lo lamento mucho, Pannie. No tengo tiempo.

ANNCHEN *(se ha dado la vuelta).*—¡Se marcha el señor capellán! Las clases pueden suspenderse. ¡Precisamente hoy!

CAPELLÁN *(ya en la puerta).*—Hay poco tiempo. Los niños recibirán pronto la comunión. *(Levantando la voz.)* ¡El deber llama, Pannie! *(Sale.)*

ANNCHEN *(cortante).*—¡Allá él! *(Cambiando de tono.)* Pero Hans sí comerá. Hans no puede decirme que no. Tiene un corazón demasiado bueno para eso. ¡Tito, cuánto ha crecido Hans! ¡Cuando pienso en lo pequeño que era por aquel entonces!

HANS *(se sienta a la mesa, ensimismado en la observación de Anna, que está de pie delante de él).*—¡Sí, sí, Annchen!

ANNCHEN.—¡Hay que levantar la mirada para dirigirse al señor estudiante!

HANS *(saliendo de su ensimismamiento).*—Eso no lo sabes, Anna.

ANNCHEN.—¡Lo vi antes!

HANS *(poniéndose de pie).*—¡Bueno, probemos! *(Se acercan mucho el uno al otro y se cogen las manos. Sus miradas se encuentran. Durante un momento, un silencio incómodo.)*

ANNCHEN *(con excitación contenida).*—¡Ves cómo eres mucho más alto!

HANS *(con fuerza reprimida).*—¡Como tiene que ser!

HOPPE *(que mientras tanto ha estado sentado, pensativo, a la mesa, levanta la mirada).*—¡Vamos, Hans, ahora siéntate con nosotros y cuéntanos tus hazañas! Pero, primero, enhorabuena por aprobar el examen, señor *Studiosus*! ¿O quizá habría que llamarte *Mulus*? ¡Que sigas así y que les des muchas alegrías a tus queridos padres! ¡Tu querida madre! *(Le tiende la mano.)*

HANS *(estrechándole la mano).*—¡Muchas gracias, tío Hoppe! ¡También a ti, Anna! *(Estrecha la mano de Annchen.)*

ANNCHEN *(absorta).*—¡Entonces, así es un joven universitario!

HOPPE *(alegre).*—Y tú, Anna, en lugar de mirar tanto a los ojos de Hans, tráenos algo para beber. ¡Y también para comer! Que Hans se nos va a morir de hambre. Y después no dejaremos que tu querido primo se marcha muy pronto, ¿o tú qué opinas?

ANNCHEN *(feliz).*—¡Ah, sí tito! ¡Ah, sí! ¡Cuatro semanas como mínimo!

HANS *(un poco abatido).*—¡Cuatro... semanas! ¡Quién sabe cuánto tiempo estaré en Heidelberg!... Pero no, lo que quería decir... ¡Muchos saludos de parte de mis padres!

HOPPE.—¡Dios mío! ¡Cuántos años hace que no veo a tus queridos padres! ¡Tu madre, tan buena muchacha!... Así es como la vida nos separa.

ANNCHEN *(levantándose de un salto).*—¡Ay, tito, acabo de acordarme, el coche está esperando por usted! *(De pie junto a la mesa.)*

HOPPE *(sorprendido).*—¿Por mí? ¿Qué coche?

ANNCHEN *(con pasión).*—¡Imagínese todas las aventuras que ha pasado Hans! Hizo la mitad del camino caminando durante la noche...

HOPPE.—¿Pero qué tiene que ver el coche con todo esto?

ANNCHEN *(candorosamente).*—¡Tito, tiene que visitar al enfermo!

HOPPE *(poniéndose rápidamente de pie).*—¿¿Al enfermo?? ¡¿Un coche?! ¿Pero de qué me estáis hablando?

HANS.—Sí, me encontré con el coche una media hora antes de llegar a la aldea. Se dirigía hacia aquí, tío Hoppe. Quería recogerte para que vayas a ver a un enfermo. Así que el resto del camino lo hice en ese coche.

HOPPE *(se ha quitado la chaqueta y ha cogido los ornamentos del armario).*—¡Y me lo dices aún ahora! Entretanto, el pobre hombre puede haberse muerto.

ANNCHEN *(le ayuda a vestirse).*—¡Ah, tito, no se morirá!

HOPPE *(apresurándose).*—¡Me marcho! ¡Ah, qué poca cabeza tenéis! ¡Como para poner la salvación de mi alma en vuestras manos! ¡Menos mal que no quieres estudiar Teología, Hans!

HANS.—¡Bien lo sabe Dios, tío Hoppe! La verdad es que lo olvidé por completo.

HOPPE *(sin dejar de prepararse).*—¡Pero, Anna, dale algo de comer a tu primo! ¡Y un buen trago de vino! Eso mantiene unidos alma y cuerpo. ¡Y especialmente después de una caminata nocturna! Que no le falte de nada, de lo contrario terminará diciéndonos que no queremos darle nada. *(Busca algo en el secreter.)*

HANS *(se ha puesto de pie).*—¡Pero tío Hoppe!

ANNCHEN *(mientras mira a Hans con ternura).*—¡Ah, tito, Hans ya sabe que estoy tan terriblemente contenta de que esté aquí que no hago nada a derechas!

HANS *(delante de ella, apretándole ligeramente las manos, en voz baja).*—Pero de verdad que tampoco tengo apetito.

HOPPE *(preparado para salir, distraído).*—¡Sí, es una buena chica esta Anna! ¡Pero aún tiene mucho que aprender! *(Le da la mano a Hans.)* Si te aburres, Hans, ahí tienes libros. Estaré de vuelta al mediodía. ¡Adiós, Anna! *(Se dispone a salir.)*

ANNCHEN.—¡Adiós, tito! ¡Ah, espere!

HOPPE *(ya en la puerta).*—¿Qué pasa?

ANNCHEN *(a su lado).*—Esta tarde no tendremos clases, ¿verdad? No mientras Hans esté aquí, ¿verdad?

HOPPE *(de prisa).*—¡No, no! ¡Así puedes tener a tu Hans todo el rato! ¡Y coge vino húngaro! Es lo que mejor viene en el desayuno. *(Sale.)*

ANNCHEN *(volviendo de la puerta).*—¡Bueno, ahora, rápido! ¡Tienes que meter algo caliente en el estómago! ¡Preparo algo rápidamente!

HANS *(delante de ella, como si tuviese un nudo en la garganta).*—¡Ah, deja eso, Annchen! *(Coge, como inconscientemente, la mano de Annchen, quien no opone resistencia. Se cogen de las manos en silencio. Se miran a los ojos en una excitación reprimida con esfuerzo.)*

ANNCHEN *(conteniéndose).*—¡No te enfades conmigo, Hans!

HANS *(oprimido).*—¿Pero por qué?

ANNCHEN.—Por tenerte aquí tanto tiempo sin ofrecerte nada. Pero lo que más gustaría es estar aquí y mirarte sin parar.

HANS *(apretando su mano convulsivamente).*—¡Y yo a ti!

ANNCHEN *(en voz baja).*—¡A mí! *(Se queda así durante un momento y a continuación intenta liberarse.)*

HANS *(sin soltarla).*—¡Espera, Annchen!

ANNCHEN.—¡No, déjame, Hans! ¡Vuelvo ya! Solo voy a ver qué hace Maruschka. *(Se suelta y sale.)*

Breve pausa.

HANS se queda un momento como aturdido, se estira como con espasmos, camina, pensativo, arriba y abajo mientras murmura, de manera que de vez en cuando se percibe su jubilosa excitación; a veces se queda parado; finalmente, abre la ventana y saca la cabeza como para refrescarse.

Pausa.

ANNCHEN *(llega con botellas de vino y vasos y lo deja todo en la mesa).*—Bien, ahora nos vamos a sentar, bebemos un poco de vino, nos contamos cosas interesantes, Hans, como a cuántas chicas ya has vuelto locas. ¿Eh, Hans? ¡Ah, sí! Tienes que contármelo. Ahora voy a buscar algo para comer. Fíjate, Maruschka ya se ha encargado de todo. ¡Normalmente no es así! Se ha enamorado perdidamente de ti. ¡Ah, pobres de nosotras! *(Delante de él.)* Así que, rapidito, Hans, ¿a cuántas chicas has besado?

HANS *(serio).*—¡A ninguna! ¡Quitando a mi hermana! ¡Tú eres la primera!

ANNCHEN.—¡Ay, Dios mío! Se va a enfriar todo. *(Se apresura a salir y tras un momento regresa con platos y una fuente que deja encima de la mesa.)* Ahora vamos a comer y a beber y a estar contentos. ¡Quién sabe cuánto durará! ¡Siéntate aquí, Hans! *(Señala el sofá.)*

HANS *(va al sofá).*—¿Y tú, Annchen?

ANNCHEN *(con naturalidad).*—Me sentaré a tu lado. *(Ambos se sientan juntos en el sofá, Annchen a la derecha y Hans a la izquierda.)*

HANS.—¡Sí, quién sabe cuánto va a durar! Pasado mañana a esta hora ya estaré de nuevo en camino. Entonces me iré… ¡Al mundo!

Annchen *(ha servido vino; impactada).*—¿Ya pasado mañana? ¡Pero entonces esto no ha valido la pena!

Hans.—Sí, ¡qué se le va a hacer! ¡Tengo que ir a la universidad! *(Entusiasmado.)* ¡Ah, estoy tan emocionado!

Annchen *(con tristeza).*—¡Y yo que había pensado que te quedarías por lo menos cuatro semanas! ¡Ahora que estábamos tan felices! Ahora que habías vuelto después de tantos años… y quieres marcharte enseguida. ¡Para eso no tendrías que haber venido!

Hans.—¡Venga, Annchen, no nos amarguemos! ¡No pensemos en eso! ¡Bebamos! ¡Salud! *(Chocan sus vasos.)* ¡Por el futuro y la vida! *(Beben.)*

Annchen.—¡Pero come, Hans! ¿Te sirvo?

Hans.—¡No puedo, Annchen! ¡De verdad que no puedo! ¡Pero tú come!

Annchen.—No, yo tampoco quiero. ¡Ahí se que queda la comida!

Hans.—¡Pues que se quede ahí! Ya comeremos después. ¡Pero bebamos! ¡Por el pasado! ¡Por nuestra infancia! ¡Me alegro de que haya quedado atrás! *(Bebe.)*

Annchen *(también bebiendo).*—Siempre pensé que regresarías. Me lo prometiste cuando estuve con vosotros en Lichtenau. ¡Pero quien no vino en todos estos años fue mi Hans!

Hans.—Sí, ya ves, primero quería ser universitario. ¡No quería llegar como un tonto jovenzuelo!

Annchen.—Al final pensé que Hans era demasiado orgulloso, que no quería saber nada de nosotros.

Hans.—Sí, quería y quería… Pero al final no sabía…

ANNCHEN *(con fervor).*—Y por eso desde el primer momento me alegré tanto de que hayas venido, porque así he visto que no eres un orgulloso.

HANS.—¿Orgulloso, Annchen? ¿Pero a santo de qué? ¿Cómo puedes decir eso?

Annchen.—Sí, porque tus padres son ricos y nosotros solo somos los parientes pobres. Es decir, no el tío, sino yo. Y entonces...

HANS *(enderezándose).*—¡Pero, Anna, a mí eso me da completamente igual! ¡Yo no me preocupo por esas cosas! No me conoces, no. ¿Sabes? Todo eso son estúpidos prejuicios. Totalmente... *(Levanta su vaso.)* ¡Salud, Annchen! ¡Viva la libertad! *(Bebe y se pone en pie.)* ¡La libertad! ¡La libertad! ¡Ah, será estupendo! *(Vuelve a sentarse y se acerca mucho a Annchen.)*

ANNCHEN.—¿Y no piensas mal de mí?

HANS *(con tono de reproche).*—¡Pero, Anna! ¿Por qué tendría que pensar mal de ti?

ANNCHEN *(avergonzada).*—Ah, ya sabes, lo de mamá. Y yo...

HANS *(sorprendido).*—¡No! ¿Qué pasa con tu madre y contigo?

ANNCHEN *(de manera entrecortada).*—Que no tengo padre...

HANS.—¡¿Ah, eso?! ¿Y qué le vas a hacer, Anna?

ANNCHEN *(apocada).*—Sí, ¿verdad, Hans? Eso mismo he pensado yo.

HANS *(sorprendido).*—¿Qué le vas a hacer? ¡¿Acaso alguien te ha reprochado algo?! Eso es completamente...

ANNCHEN.—¡Ah, si tú supieras, Hans! ¡Constantemente! ¡Pero me alegro de que tú no seas así!

HANS (*furioso*).—¡Es una auténtica estupidez! ¡Una auténtica estupidez! ¿Quién lo hace? ¡¿No será el tío?! Bueno, en general respecto de… ¡Es todo tan natural! ¡Tan natural! ¡Mira, Annchen, por cosas así tengo ganas de irme! ¡Todo tiene que cambiar! ¡Todo tiene que ser mucho más libre! ¡Ni siquiera puedo seguir escuchándolo! ¡Esta estrechez de miras aquí, por todas partes! ¡Fuera! ¡Por eso también quiero irme al sur de Alemania! ¡Yo pienso de otra manera! ¡Y sobre todo como estudiante! (*Ha hablado con fervor y se bebe su vaso de un trago.*)

ANNCHEN (*maravillada*).—¡Me gustaría estar siempre aquí sentada, mirándote, sin más, mientras hablas así y te brillan los ojos!

HANS (*entusiasmado*).—¡Ya lo ves de qué humor me he puesto! ¡Libre, por fin! ¡Lo que había deseado durante tantos años! Incluso la manera en la que llegué aquí…

ANNCHEN.—¡Sí, y ahora quieres volver a marcharte enseguida! ¡Ahora más que nunca deberías quedarte aquí!

HANS.—¡Pero ahora no puedo, Annchen!

ANNCHEN (*enérgica*).—¡Pero deberías! ¡De lo contrario ya no me gustarás!… ¡Además, aquí estoy sentada, mirándote como una tonta enamorada! (*Quiere levantarse del sofá.*)

HANS (*con pasión*).—¡Anna! (*Intenta retenerla.*)

ANNCHEN (*burlona*).—El pequeño Hans quiere retenerme. (*Intenta liberarse.*)

Hans (*cada vez más excitado*).—¡¿No?! ¡Ahora veremos! ¡Que no te sueltas! (*Agarra su brazo.*)

ANNCHEN (*con ardor*).—¡El pequeño Hans! (*Intenta soltarse.*)

Hans.—¡Más grande que tú!... ¡Que no... te... sueltas! *(Sujeta fuertemente con sus manos sus brazos extendidos. Durante un instante quedan con sus bocas casi tocándose. De repente, con un tirón rápido, Hans dobla los tensos brazos de Annchen, que, impotente, se hunde en el sofá.)*

Annchen *(débilmente).*—¡Ah, Hans!

Hans *(inclinado sobre ella).*—¡Estás derrotada!

Annchen.—¡Qué fuerza tienes, Hans! ¡No lo habría imaginado!

Hans la mira durante un momento. De repente, se lanza sobre ella y la besa frenéticamente.

Annchen lo abraza y le devuelve los besos.

Breve pausa.

Hans se yergue, y también Annchen. Se aferran el uno al otro en una felicidad sin palabras.

Hans *(en voz baja).*—¿Estás bien, Annchen?

Annchen *(en voz baja).*—¡Muy bien, Hans! ¡Muy bien! *(Se abrazan con fuerza. La puerta se abre despacio.)*

Amandus asoma la cabeza.

Annchen *(se aparta suavemente de Hans, se pone de pie, va hacia Amandus, con naturalidad).*—¿Qué quieres, Amandus?

Amandus *(haciendo muecas).*—¡Yo hambre! ¡Comer!

Annchen.—¡Ve con Maruschka, Amandus! Ella te dará algo, ¿vale?

Amandus duda un momento antes de salir.

Hans *(también se ha puesto en pie).*—¿Nos habrá visto?

Annchen.—¡Bah, Hans, qué sabe Amandus! *(Con mirada tierna a Hans, que está delante de ella.)* ¡Eres adorable, Hans!

HANS *(con alegría desbordante).*—¡Ah, ya te digo, Annchen, soy muy feliz! ¡Muy feliz! *(Va arriba y abajo con gestos impetuosos.)* ¡Lo sabía! ¡Estaba impaciente por venir! ¡Por eso viajé durante la noche! ¡Lo deseaba tanto! ¡Nunca había…! ¡No sabes nada! *(La abraza de nuevo.)*

ANNCHEN *(mirando de repente la puerta media abierta; horrorizada).*—¡Ah, Dios mío! ¡Nuestro capellán! ¡Como nos haya visto! ¡Miró aquí dentro! ¡Y cómo estoy! *(Se la separado de Hans y se coloca rápidamente el pelo.)*

HANS *(excitado).*—¡Que mire quien quiera! ¡Le daremos algo que ver!

CAPELLÁN *(entra lentamente por la derecha, examina la habitación, a los jóvenes y la confusa situación).*—Disculpen que deba molestar…

ANNCHEN *(va hacia él, intenta ocultar su turbación).*—¡Ah, señor capellán! ¡Ya ha terminado la clase! Me alegro de que hoy haya terminado más pronto…

CAPELLÁN *(se ha acercado al secreter y busca algo).*—Estamos en mitad de la clase, Panna Annuschka. He salido un momento. Me falta un libro. Debe de habérseme olvidado.

ANNCHEN.—Pero comerá un poco rápidamente, ¿verdad? Nosotros ya hemos… *(Se detiene al ver la comida que no siquiera han probado.)*

HANS *(de pie junto a la mesa, intenta arreglarlo).*—No, estábamos a punto de empezar.

CAPELLÁN *(volviendo lentamente del secreter).*—Los niños están esperando, Pannie. Tengo que darme prisa. ¿Su tío se ha ido, Pannie?… Eso me ha parecido.

HANS.—Sí, fue a visitar a un enfermo.

Capellán *(como si tal cosa, mirando de reojo la comida).—* Los jóvenes señores tampoco le han hecho mucho caso.

Hans *(con descaro).—*Sí, por Dios, cuando se está hablando con una prima tan amable y encantadora a la que no se había visto desde hacía años, al final uno se olvida hasta de su apetito. ¡A usted también le pasará lo mismo, señor capellán!

Capellán *(amenaza muy seriamente con un dedo a Annchen).—*¡Pannie! ¡Pannie! *(Sale lentamente.)*

Annchen *se queda de pie, avergonzada.*

Hans *(a su lado).—*¡Annchen!

Annchen *guarda silencio.*

Hans *(con delicadeza).—*¿Ya no estás bien conmigo, Annchen?

Annchen *(súbitamente).—*¡Ah, que lo sepan todos! *(Lo abraza con fuerza.)* ¿De verdad que no habías besado a ninguna chica, Hans?

Hans *(lleno de júbilo).—*¡A ninguna, a ninguna!

Annchen *(lo acaricia).—*¡Mi querido Hans!

Telón

SEGUNDO ACTO

Al día siguiente, por la tarde. Como en el acto anterior, sala de estar con el salón al fondo. Annchen y Amandus están entados junto a la mesa que está delante del sofá. Ambiente de tarde muy tranquila. Un día de primavera, nublado y cargado, se asoma por la ventana.

ANNCHEN *(en la silla delante del sofá).*—Te lo repito, como vuelvas a portarte tan mal con Hans, de manera tan ruin... ¡Pero qué te ha hecho el pobre Hans!
AMANDUS, sentado en la silla de enfrente, se sacude y escupe.
ANNCHEN.—Hans es un universitario, ¿y tú, que ya eres mayorcito, qué eres? ¡Tonto de capirote! Y apenas tienes dos años menos que Hans...
AMANDUS *(da a entender a través de gestos lo poco que le impresiona la inteligencia de Hans y, satisfecho de sí mismo, se señala).*—¡Yo más fuerte!
ANNCHEN *(exasperada).*—¿Tú más fuerte? Sí, cuando le pones la zancadilla a traición, como esta mañana, para que se caiga... ¡Hazlo otra vez, hazlo, y verás lo que es bueno!
AMANDUS *(con muecas de placer).*—¡Echados! ¡A las nueve! Annuschka... *(A través de una pantomima imita la consternación y el enamoramiento de Annchen, retorciéndose las manos.)* ¡Mi Hans! ¡Mi Hans!

ANNCHEN.—¡Sí, por supuesto, mi Hans! ¿Qué sabrás tú? ¿Es que también quieres llamarte así? ¿Tienes envidia, jovencito?

AMANDUS *(se pone en pie con un súbito ataque de ira, se coloca muy cerca delante de ella con el rostro desencajado y mirando al sofá).*—¡Sé! ¡Diré al tío! ¡Coge correa! *(Pantomima de dar latigazos.)* ¡Pegar! ¡Pegar! ¡Moratones!

ANNCHEN.—Sí, ¡pero el primero que va a recibir eres tú! ¿Crees que el tío no sabe que le he dado un beso a Hans? ¡No hagas el ridículo! El tío puede enterarse de eso sin problemas. ¡¿Pero sabes qué voy a decirle al ti?!

AMANDUS *(ha vuelto a sentarse en la silla, socarrón).*—¡No sé!

ANNCHEN.—¿No lo sabes? ¡Voy a ayudarte a pensar, Amandus! ¡Le diré al tío que siempre andas detrás de Maruschka! ¡Que no la dejas en paz! ¡La pobre chica ya no sabe dónde meterse! ¿Ahora ya sabes qué le voy a decir al tío si no te portas bien con Hans? ¡Así que chitón! ¡Calladito como un ratón! *(Haciendo gestos.)* ¡¡De lo contrario…!!

AMANDUS *(malicioso).*—¡Mala! ¡Tonta!

El CAPELLÁN entra desde la derecha; con levita negra; más serio de lo habitual; se acerca lentamente a la mesa.

ANNCHEN *(aplaude alegremente).*—¡Nuestro capellán! ¡Nuestro capellán! ¡Y qué cara trae nuestro señor capellán!

CAPELLÁN *(se sienta a la mesa, delante de Annchen).*—Y nuestra Panna, feliz como una perdiz. Llueva o salga el sol. ¡Creo que nuestra Panna incluso se reirá el día del juicio final!

ANNCHEN *(con naturalidad).*—¡Pero hay que reírse, señor capellán! ¡De qué sirve estar siempre triste! Al tío no le gusta nada cuando estoy sentada, quieta parada, como una santa.

Simplemente, tengo que reír y cantar. ¡Y Hans ha venido a visitarnos!

CAPELLÁN.—Y ahí está la Panna completamente descontrolada. Ya no se puede dominar.

AMANDUS *(golpea la mesa con ambos puños)*.—¡¡Plas!!

ANNCHEN *(seria)*.—¡Jesús, María y José! ¡Qué susto! ¡Mereces un tirón de orejas! ¡Qué comportamiento es este! ¡Como si no tuviese otra cosa en la cabeza desde que Hans está aquí!

AMANDUS sonríe enseñando los dientes.

CAPELLÁN.—¡El joven solo ha traído la desgracia a esta casa! ¡Cuánto hemos cambiado todos en estos dos días!

ANNCHEN *(con intensidad)*.—¡Pero para bien, señor capellán! Otra cosa es Amandus. ¡Pero el tío! ¡Qué me dice del tío! ¡Está muy contento! ¡Y yo! ¡Todos estamos muy felices! No es necesario que tenga siempre esa mala cara, ¿verdad, señor capellán? Tiene que alegrarse con nosotros. ¡El mundo es tan hermoso!

CAPELLÁN *(evasivo)*.—¿El señor estudiante ya le ha hablado a Panna sobre sus creencias? Me temo… Me temo…

ANNCHEN *(con entusiasmo)*.—¡Me ha hablado de todo, de todo!

CAPELLÁN.—No estaría muy feliz si el joven fuera uno de esos católicos tibios que pululan por los centros de enseñanza superior.

ANNCHEN *(algo apocada)*.—¡Hans no es malo! Solo… ¡Y eso es lo que importa! Y aún es joven. Cuando haya madurado como usted, señor capellán…

CAPELLÁN *(apoya la cabeza en las manos)*.—La juventud no tiene virtud, dicen. Lo sé. Y todo a su debido tiempo. ¡Pero bienaventurado el que haya vencido! Disfrutar está bien. ¡Pero ser frugal es mejor! *(Con sonrisa melancólica.)* *¡Vanitas vanitatum vanitas*! Esto es: ¡Vanidad de vanidades, en este mundo todo es vanidad!

ANNCHEN.—¡Aunque todo pase, hoy queremos divertirnos! *(Se pone de pie.)* ¡Hoy queremos divertirnos y bailar! Mañana ya lloraremos en cilicio y ceniza. *(Canturreando por la sala.)*

CAPELLÁN *(ensimismado).*—¿Por qué mañana, Pannie? ¿Por qué no ya hoy? ¿Por qué no ahora mismo?

ANNCHEN *(absorta en sus pensamientos).*—¡Porque mañana se marcha Hans! ¡Se va al mundo! ¡Y entonces todo será como siempre! ¡Entonces podrá usted volver a regañarme, señor capellán! Pero hoy no, no. *(De repente.)* ¡Y mañana no dejaremos que se marche! ¡Ni pasado mañana! ¡Ni en mucho tiempo!

CAPELLÁN *(saca la carta del bolsillo y se la enseña a Annchen).*—¡Qué lejos, Pannie, qué lejos está aún del lugar que le había buscado!

ANNCHEN *(melancólica).*—¡Quién sabe, señor capellán! ¿Quién puede saber lo que pasará pronto? *(Va a la puerta.)*

CAPELLÁN *(levantando la mirada).*—¿A dónde va, Pannie?

ANNCHEN.—A buscar a Hans para que venga aquí y nos cuente algo. No lo tendremos mucho más con nosotros.

CAPELLÁN *(se pone de pie rápidamente y se acerca a ella, junto a la puerta. Le cuesta dominarse).*—¡¿Panna Annuschka?!

ANNCHEN *(con la cabeza agachada).*—¡Dígame, Su Reverencia!

CAPELLÁN *(le coge la mano).*—¿Puede confiar en mí, Pannie?

ANNCHEN *(dubitativa).*—Usted ya es… mi confesor, Su Reverencia

CAPELLÁN *(contenido).*—¡No digo como confesor! ¡Tampoco como Reverencia! ¡Por qué me dice eso! ¿No me siente al menos un poco como un amigo?

ANNCHEN no responde.

CAPELLÁN *(temblando).*—¿No?

ANNCHEN *(en voz baja).*—¡Ah, y que lo pregunte! ¡Claro que sí!

CAPELLÁN *(irguiéndose ante ella).*—¡Entonces le prevengo sobre el joven, Panna Annuschka! ¡Escuche mientras todavía hay tiempo! ¡En su familia hay algo de frivolidad! ¡Piense en su madre, Pannie!

ANNCHEN *(suelta sus manos).*—¡No tengo que avergonzarme por mi madre!

AMANDUS *(ha mirado a la ventana y se ha puesto de pie. Como si tuviese un arma, mientras le brillan los ojos).*—¡Pam! ¡Pam!… ¡Muerto!

ANNCHEN *(se da vuelta, asustada).*—¿Qué pasa? *(Va a la ventana.)*

CAPELLÁN *(ha vuelto a la mesa).*—El joven caballero está en el jardín con la escopeta de su tío. Amandus lo imitará.

ANNCHEN *(junto a la ventana).*—¡Ah, Amandus y disparar! ¡No debe hacerlo! ¡El tío no se lo permite! *(Sale rápidamente.)*

AMANDUS *(se ha girado de nuevo hacia el interior de la sala; con expresión salvaje).*—¡Buen disparo! ¡Blanco!… ¡Muerto!

El CAPELLÁN *camina arriba y abajo sin prestar atención a Amandus.*

AMANDUS *(lo coge del brazo con saña salvaje).*—¡Muerto! ¡Y bien muerto!

CAPELLÁN *(da un respingo por el susto y se detiene).*—¿Qué te pasa, amigo mío? ¿Quién está muerto? ¿Qué quieres decir?

AMANDUS *(iracundo, rápido y sin parar).*—¡Perro extranjero! ¡Sentado! ¡Siempre lo mismo! *(Repetidos gestos de besuqueos.)* ¡Llego! ¡Annuschka pegada! ¡Quería comer! *(Con pantomima.)* ¡Mucha hambre! ¡Asado! ¡Rico asado! ¡Ah! ¡Dije a Annuschka! ¡No me dio nada! ¡Me mandó con Maruschka! Siempre sentada: ¡mi Hans! ¡Mi Hans! ¡Asado y vino y todo para el de fuera! ¡Amandus hambre! *(Moviendo, furioso, manos y pies.)* ¡Morder, arañar, golpear, estrangular!

CAPELLÁN *(horrorizado).*—¡Santo Dios, apiádate de él y haz que recupere el sentido! ¡Ah, esta visita, esta visita! *(Camina, nervioso, arriba y abajo, poco a poco más tranquilo, junta las manos convulsivamente.)* ¡Señor, Dios mío! ¡Hágase tu voluntad!

Breve pausa. Se abre la puerta.

ANNCHEN *(tirando de Hans).*—¡Pero ven, Hans!

HANS *(con la escopeta en la mano izquierda, intenta librarse de Annchen con la mano derecha).*—¡Déjame donde estoy, Anna!

ANNCHEN *(ya en el interior de la sala).*—¡Tienes que tomar café, Hans! Ahora mismo viene.

HANS *(disgustado).*—¡De verdad que no tengo apetito! Se me ha pasado por completo. *(Deja la escopeta en el secreter; se queda de pie, indeciso.)*

ANNCHEN *(delante de él, con mirada tierna).*—Volverá en cuanto huelas lo que he hecho para ti.

HANS.—¿Por qué no viniste a pasear conmigo? ¡Te lo había pedido! ¡Pero nada!

ANNCHEN.—No habría podido cocinar. ¡Iba a ser una sorpresa! ¡Ya verás que rico! *(Sale rápidamente.)*

HANS *(va a la mesa).*—¿Dónde está el tío Hoppe? *(Se sienta.)*

CAPELLÁN *(junto a la ventana).*—Estará durmiendo. Nunca toma el café de la tarde.

AMANDUS va al secreter y curiosea la escopeta.

HANS.—¿Qué, Amandus, quieres probarla ahí fuera? ¡Pero ten cuidado de no matar nada! Está cargada con postas.

AMANDUS sale con la escopeta.

CAPELLÁN.—¿Ha estado disparando el señor estudiante?

HANS.—Sí, un poco, a la diana. ¡Se está tan bien fuera! ¡Un aire extrañamente cargado! ¡Completamente primaveral! En general, toda esta comarca es muy diferente a donde yo vivo. ¡Tiene algo polaco!

CAPELLÁN.—¡Con razón, señor estudiante! La historia le dirá que aquí estamos en suelo polaco.

ANNCHEN *(llega con una bandeja llena de gofres).*—¡Aquí están! ¡Para el testarudo joven!

HANS.—¡Sí, tienen una pinta fabulosa! ¿Puedo, Annchen? *(Coge un gofre.)*

ANNCHEN *(ha dejado el plato sobre la mesa).*—Los he hecho para ti, Hans. ¿Ves cómo no soy tan mala como siempre piensas? *(Se queda de pie junto a la mesa.)*

HANS.—¡Pero yo no pienso eso, Annchen! Pero habría sido muy bonito que hubiésemos ido a pasear.

CAPELLÁN *(también junto a la mesa)*.—¡Ah, la pobre Panna! Con todo el trabajo que se ha dado, y el joven caballero no se lo reconoce.

HANS.—Es que mira, me marcho ya mañana y no hemos ido juntos a pasear ni una sola vez.

ANNCHEN *(con voz suave)*.—Ah, mañana aún no te marcharás, Hans. Te quedas un poco más. Así podremos ir a pasear con frecuencia.

HANS *(abatido)*.—Ya verás que me marcho mañana… *(Levantándose de repente, con pasión.)* ¡Ah, debo hacerlo! *(Caminando arriba y abajo.)*

ANNCHEN *(insistente)*.—¿Por qué debes hacerlo, Hans? ¿Por qué no te puedes quedar aquí?

CAPELLÁN.—¡Pero Pannie! ¿Y los estudios? Las clases ya tienen que haber comenzado. El tiempo apremia. Lo entiendo.

ANNCHEN *(con tono ligero)*.—Bueno, Hans, ya veremos. *(Va a la cocina.)*

CAPELLÁN.—Lo que todavía le espera al señor estudiante. Tantas experiencias. La vida está ante usted.

HANS *(yendo arriba y abajo, con viveza)*.—¡Sí, lo que me espera! ¡Lo que ya viene! ¡La época más hermosa! ¡La universidad! ¡Heidelberg! ¡Heidelberg! ¿Cómo será?

CAPELLÁN.—Será como todo lo demás en este mundo. Cuando lo conozca, se convertirá en nada. Solo la esperanza lo convierte en algo.

HANS *(vuelve a sentarse)*.—Sí, no sé. Entonces, al final todo es… Entonces, ¿para qué vivir?

ANNCHEN *(regresa con el café)*.—Hans, ¿le has dado la escopeta a Amandus? *(Coloca las cosas en la mesa del café.)*

HANS.—Sí, ¿por qué lo preguntas?

ANNCHEN.—Porque Amandus no puede usar la escopeta. ¡El tío no quiere!

HANS.—¡Pero qué daño puede hacer, Annchen! ¡Deja que Amandus disfrute por una vez!

CAPELLÁN.—La Panna tiene razón. No tendríamos que habérsela dejado.

HANS.—Voy a buscarla cuando quieras, Annchen.

ANNCHEN.—¡No, déjalo! ¡Ahora no! Si lo haces, se pondrá… Cada vez está más indomable… Bueno, ahora vamos a comer y a beber. *(Se ha sentado en el sofá; durante la siguiente escena, beben.)*

HANS *(comiendo gofres).*—¡Están exquisitos, Annchen!

ANNCHEN.—¡Come y disfruta, Hans! En la cocina hay más.

CAPELLÁN *(bebiendo café).*—¡Sí, estos jóvenes mimados! ¡Ven la vida solo desde su lado más alegre! No saben lo que realmente significa… la vida.

HANS.—¡Ah, no estoy tan mimado! Ya he vivido lo mío.

CAPELLÁN.—Aquello a lo que los jóvenes llaman vivir: sentarse en clase, especialmente cuando los padres se ocupan de todo y los jóvenes no hacen nada más que sus tareas escolares.

HANS *(cortante).*—Depende de cómo sea cada uno. Creo que está en función de la vivencia interior, señor capellán. Y eso no depende de lo que se haga en clase.

CAPELLÁN.—¡Sin duda! Hay ciertas naturalezas… benditas, podríamos decir… que ya en su juventud poseen cierta solidez. No lo niego. ¡¿Pero dónde están!? Tienen que pasar por una dura escuela. Y entonces las reconocemos a primera vista.

HANS.—Bueno, usted ha de saberlo, señor capellán. Yo no puedo enjuiciarlo.

ANNCHEN.—Pero tú ya has pasado por muchas cosas, Hans, todo lo que me has contado.

CAPELLÁN.—Ah, ante las jóvenes damas uno no se contiene. Entonces los tiernos corazones se derriten como mantequilla al sol. Sin embargo, casi todo está en la imaginación de los jóvenes caballeros.

HANS *(excitado)*.—Bueno, señor capellán, creo que nadie mejor que yo sabe lo que he vivido, ¿o no? Por supuesto, hasta ahora solo conozco la escuela. ¡Por desgracia! ¡Ojalá ya la hubiese dejado atrás! ¡Ya habría visto algo del mundo! ¡Eso es! Uno se sienta y se sienta y tiene ganas, quisiera… ¡Y cuando se le cuenta a alguien, se ríen! Uno no tiene a nadie con quien… ¡Precisamente porque uno es diferente! Se camina solo y se carga con todo. Y fuera los mandatos y dentro… *(Aprieta los puños.)* ¡Pero lo haces! ¡Lo haces! ¡O pereces! ¡Te echas a perder! ¡Pero haces algo! Y cuando salga ahora al mundo, ¡sé que ya no soy un joven tonto aunque lo parezca! ¡Puedo enfrentarme a cualquiera! ¡Ya no dejaré que nadie me diga lo que tengo que hacer! Durante bastante tiempo ya lo han acosado a uno. ¡Ahora soy libre! ¡Ahora ya no me preocupa lo que diga el mundo!

CAPELLÁN.—Lo siento por los pobres padres católicos que de su educación recogen un fruto como este y quizá ni siquiera lo sepan.

HANS.—¡No diga más, señor capellán! Creo que ha de ser así todo aquel que… Pero a usted le habrá pasado lo mismo.

CAPELLÁN (con amargura).—¿A mí, señor estudiante? A mí me ha pasado algo completamente distinto. Y le doy las gracias a mi Creador. Nunca he tenido tiempo para pensamientos presuntuosos. Muy pronto me cortaron las alas. Cuando estudiaba, tuve que luchar para sobrevivir. ¡Di clases! ¡Trabajé! ¡Hice todo lo que pude! Ah, cuando era joven también deseé esto o aquello, pero no cedí ante esos pensamientos. ¡Quizá no habría sido teólogo si no hubiese tenido que hacerlo! Pero mis padres, hidalgos pobres, tampoco podían hacer de mí un zapatero. Y para ser abogado faltaba el dinero. Tuve que vencerme a mí mismo. He luchado… ¡Pero he vencido!

HANS (con voz apagada).—¿Y de verdad está completamente satisfecho, señor capellán?

CAPELLÁN.—Soy tan feliz como se puede ser en este mundo. De rodillas le doy gracias a mi Creador por haber hecho conmigo lo que ha hecho. He encontrado el consuelo en la fragilidad de este mundo.

HANS.—¿Y es?

CAPELLÁN (cortante).—¡La fe, señor estudiante! ¿No se lo ha enseñado su profesor de religión?

HANS (sumido en sus pensamientos, con súbita pasión).—¡No, yo no podría! ¡¿Decir adiós a todo?! ¡¡Todo, todo, todo…!! Mire, señor capellán, usted está feliz de que las cosas le hayan ido así y yo estoy feliz de que las cosas a mí me hayan ido de esta manera. ¡Que no quiera ser teólogo! ¡Que sea libre y que tenga todo por delante!

CAPELLÁN (ha vaciado su taza).—¡¡Bajo el hechizo de sus pasiones, señor estudiante, y libre?! Esa es la disipación que ni siquiera Lucifer, el ángel supremo, logró vencer.

HANS *(conciliador).*—Las cosas no irán tan mal, señor capellán. *(Coge un gofre.)* Me estoy comiendo todos los gofres,
Annchen. Te has quedado tan callada…

CAPELLÁN *(esforzándose para dominarse).*—¿No irá tan mal?
Peor, digo yo, de lo que pueden expresar las palabras. ¡Ante
esta señorita profetizo, tan cierto como que existe un Dios y su
justicia, que el joven caballero fracasará así como todo lo que
esté con él! ¡Ojalá adquiera el verdadero conocimiento antes
de que sea demasiado tarde!

HANS.—¡Y yo profetizo que saldré adelante! ¡No fracasaré! ¡Tengo enormes esperanzas! ¡No puedo fracasar! Podemos
volver a hablar de esto dentro de veinte años, señor capellán.

CAPELLÁN.—Quien viva hasta entonces, lo verá. Recuerde
este día y mis palabras. *(Se pone de pie y se yergue.)* Pero a usted, Panna Annuschka, le digo en presencia del joven caballero
¡que no le crea! ¡No se deje atrapar por sus ideas! ¡Permanezca
fiel! ¡No ceda ante la tentación! ¡Proteja su alma y su salvación
eterna! *(Va lentamente al secreter, coge un libro, camina hacia la
puerta, se da la vuelta de nuevo.)* Por favor, Panna Annuschka,
cuando le pregunte, dígale a su tío que hoy daré las clases en
su lugar. *(Sale.)*

ANNCHEN *sigue en silencio, con la cabeza agachada.*

Breve pausa.

HANS *(se ha sentado, pensativo; se endereza).*—¡Ahora ya sabes cómo soy! Acabas de oírlo.

ANNCHEN *guarda silencio.*

HANS *(de nuevo sumido en sus pensamientos, da un puñetazo
en la mesa).*—¡Y no fracasaré! ¡Ya verán!

Breve pausa.

ANNCHEN *sigue callada.*

HANS *(se levanta, camina por la sala y se para delante de An-nchen).*—Ahora puedes elegir si quieres seguir relacionándote con alguien así.

ANNCHEN *(indecisa).*—Ah, Hans…

HANS *(con amargura).*—¡Y qué más da! ¡Me marcho maña-na! ¡El capellán se queda aquí!

ANNCHEN *(le coge la mano, lo mira a los ojos).*—Ah, Hans… Ahora mismo estás… Y también antes…

HANS *(delante de ella).*—¿Cuándo?

ANNCHEN *(implorante).*—Con lo del paseo. Yo solo quería hacer los gofres para ti. Me gustaría hacer cualquier cosa para ti. ¡No sabes cuánto te quiero!

HANS *(disgustado).*—¡Si eso te molesta, Anna, no quiero ser una carga para ti! *(Caminando arriba y abajo.)* ¡Ojalá no hu-biese venido! Así por lo menos no habría tenido el terrible… *(Se sienta, aprieta los puños, gime.)*

ANNCHEN *(se levanta de un salto, corre hacia él, lo abra-za).*—¿Qué te he hecho, Hans?

HANS *(la abraza, medio sollozando).*—¡Si ya no me quieres, entonces no sé lo que…! ¡Ahora mismo podría…! ¡Soy tan infeliz! ¡Tan in-fe-liz!

ANNCHEN *(en su regazo, acariciándolo).*—No puedo querer a nadie como te quiero a ti. Si tú en algún momento…

HANS *(apretándola contra él, fuera de sí).*—¡Annchen, Ann-chen, qué va a pasar!

ANNCHEN.—¡Deja que pase lo que tenga que pasar, Hans! Si te tengo a ti, todo lo demás me da igual…

HANS *(desesperado)*.—¡El capellán tiene razón! ¡Soy tu perdición!

ANNCHEN.—No pensemos en lo que pasará. Pero tampoco debes estar contra todo. *(Se suelta y se sienta a su lado mientras acercar una silla.)* ¡Lo dices todo con demasiada libertad!

HANS.—Tengo que decir lo que pienso. No puedo mentir.

ANNCHEN.—Esta mañana tampoco querías ir a misa.

HANS *(se acerca mucho y la rodea con un brazo)*.—Pero fui, Annchen.

ANNCHEN.—¡Porque te desperté! ¡Dios te castigará por ser un ateo!

HANS *(pegado a ella)*.—¿Sabes lo que pensé esta mañana mientras tú estabas ante mi puerta para despertarme?

ANNCHEN.—¡Dímelo, Hans, no lo sé!

HANS *(cada vez más excitado)*.—¿No se te ocurre nada?

ANNCHEN *(conteniéndose)*.—Bah, será una tontería. ¡Venga, dímelo!

HANS *(ardiente)*.—¡No, es muy importante! Te lo diré. Pero recuesta aquí tu cabeza. Así. ¡Pegada a mí! *(Pone su cabeza sobre su pecho y la abraza. Casi susurrando.)* Pensé que sería muy hermoso si entrases. *(Con una presión salvaje.)* ¿Sí, Annchen, sí?

ANNCHEN se abandona a sus besos.

HANS *(fuera de sí)*.—¡Muy hermoso, muy hermoso!… ¡Mucho!… ¿Sabes qué podría hacer ahora? ¡Matarte a besos!

ANNCHEN *(en sus brazos)*.—¡Y yo podría devorarte!

Breve pausa. Están abrazados.

ANNCHEN *(en voz baja)*.—Hans, ¿no estaba hermosa la iglesia? ¡Iremos también mañana, Hans?

HANS *(acercándose más)*.—Sí, pero antes ¿vendrás a despertarme, Annchen? ¡Prométemelo!

ANNCHEN.—¡Y entonces te quedas por lo menos ocho días!

HANS *(asustado)*.—¡Ah, Dios mío! ¡Es verdad! ¡Mañana me voy! ¡Mañana, a esta hora, sabe Dios dónde estaré! ¡Ah, Annchen, Annchen!

ANNCHEN.—Tienes que quedarte por lo menos ocho días, ¿sí, Hans? ¿Cinco días?

HANS *(desesperado)*.—Sí, pero ¿de qué sirve todo eso, Annchen? Al cabo de ocho días vendrás a pedirme ocho días más. ¡Y ocho más! ¡Y así seguido! No puedo quedarme aquí para siempre. ¡Tengo que salir al mundo!

ANNCHEN.—¿Por qué, Hans? ¿Por qué no puedes quedarte aquí para sicmpre?

HANS *(triste)*.—¡No bromees, Annchen! No estoy de humor.

ANNCHEN *(porfiada)*.—Te quedas aquí y aprendes polaco y ayudas al tío. Aquí hay mucho que hacer. Y después, que tus padres te den dinero y compras una finca grande. Entonces ya no te irás y estaremos siempre juntos.

HANS *(emocionado)*.—¡Y mis padres! ¡Y mi futuro! ¡Y todo! ¡Ah, Annchen, Annchen! Si supieses lo que me cuesta… ¡Ojalá no hubiese venido! ¡Ojalá no hubiese visto Rosenau!

ANNCHEN *(obstinada)*.—También puedes hacer algo por nosotros. Nosotros te queremos, y tú…

HANS *(sumido en sus pensamientos)*.—Aún tengo muchos planes. ¡No puedo quedarme aquí! Cuando pienso en lo que todavía… ¡Todo el futuro! ¡Renunciar a todo eso! ¡Y me lo imaginé tan hermoso! Ese era mi único pensamiento en la escuela:

¡todo lo que iba a vivir cuando saliese de allí! Y todo eso… *(Desesperado, hunde la cabeza en las manos.)*

ANNCHEN.—No quiero hablar de mí. ¡No piensas en mí! ¡Pero piensa en el tío! ¡Cuánto se alegraría si te quedases!

HANS *(exasperado)*.—¡Así que no pienso en ti! ¿Y en quién pienso, entonces? ¡No tienes ni idea! Casi me estalla el corazón, ¡¿y tú…?! *(Se levanta y corre arriba y abajo.)* ¡No lo entiendo! ¡Ahora que había encontrado a alguien! Cuando lo había deseado tanto desde niño, ¡y ahora…! ¡Ahora hay que volver a irse! Me gustaría… *(Empieza a sollozar con la cabeza apoyada en el secreter.)*

ANNCHEN *(se acerca despacio a él y pone una mano en su cabeza)*.—Tienes que irte, Hans. No diré nada. Pero al menos tienes que quedarte un par de días. ¡Nos dejas solos demasiado pronto!

HANS *(se pone de pie de un salto, alterado)*.—¡Y entonces todo empezará de nuevo! ¡Entonces será realmente difícil! Y al final… ¡Fuera! ¡Fuera! ¡Fuera! ¡Hoy mejor que mañana! *(Caminando de aquí para allá.)*

ANNCHEN *(se ha sentado en la silla del secreter, malhumorada)*.—Así que puedes volver loca a una chica para luego reírte de ella.

HANS *(excitado)*.—¡Si eso es lo que piensas, Anna, entonces…! Entonces no quiero seguir aquí… ¿De verdad piensas eso?

ANNCHEN.—No lo sé, Hans. *(Pone la cabeza entre las manos.)*

HANS *(frío)*.—¡Bien! ¡Vale! Si no lo sabes… ¡Entonces está todo claro! ¡Todo se ha acabado entre nosotros! No debes permitir que se rían de ti. ¡Entonces también sería tu fin! *(Camina a grandes pasos arriba y abajo.)*

ANNCHEN *guarda silencio.*

HANS *(ensañado).*—Al menos lo pones fácil. *(Se abre la puerta.)*

HOPPE *(entra, vestido con bata de casa, muy alegre, mira a su alrededor).*—Bueno, hijos, ¿qué ha pasado aquí? ¿Habéis vuelto a discutir?

HANS *(va a la mesa).*—En absoluto, tío Hoppe. Simplemente nos hemos dicho un poco la verdad a la cara. Nada más. Ya estamos tranquilos. *(Se sienta.)*

HOPPE *(se sienta, divertido).*—¿De verdad? Me alegro. Veo que ya habéis tomado el café.

ANNCHEN *(se ha recompuesto rápidamente; al lado de Hoppe).*—¡Y también unos gofres deliciosos!

HOPPE.—Con eso no me vas a tentar, ¿pero sabes qué puedes hacer? Traernos algo bueno para beber.

ANNCHEN.—¿Qué quiere usted, tito, cerveza o vino?

HOPPE.—Por si acaso, trae de los dos, Anna. ¡Y después recoge la mesa! ¿Tú también bebes, Hans?

HANS *(amable).*—¡Ah, siempre estoy dispuesto, tío Hoppe!

ANNCHEN *recoge la mesa.*

HOPPE.—¡Siempre dispuesto! ¡Eso también pienso yo! Lo estaba a tu edad y sigo estándolo. Especialmente a esta hora de la tarde me gusta sentarme con un vaso de vino o de cerveza. Pero últimamente prefiero la cerveza. ¿Tú qué bebes, Hans?

HANS.—Si puedo elegir, tío Hoppe, para ser sinceros, prefiero vino.

HOPPE.—Bien; entonces, vino. Solo tienes que decirlo. La señorita lo trae todo a una velocidad de cero coma cinco.

ANNCHEN *(con el juego de café en la puerta)*.—¡Es cierto! Ahora mismo vengo. *(Sale.)*

HOPPE. —¿Puedes abrir un poco la ventana, Hans?

HANS *(levantándose en el acto)*.—¡Enseguida, tío Hoppe! *(Abre la ventana y respira profundamente.)* ¡Un aire magnífico!

HOPPE.—Sí, me gustan los días como este… La ventana abierta y que entre el aire primaveral, y sentarnos aquí y contar cosas de cuando éramos jóvenes… Es decir, tú no, sino tu querida madre y yo. Hans, quería preguntarte qué te parece Anna.

HANS *(ha vuelto de la ventana y se ha sentado, con naturalidad)*.—Me parece bien.

HOPPE.—¿Bien? Me alegro. Me he esforzado mucho con Anna. Llegó aquí cuando era una niña pequeña. La historia con sus padres… ¿La conoces, Hans?

HANS.—Sí, tío Hoppe. Siempre me impresionó mucho que hayas cuidado de Annchen de esa manera tan… tan libre de prejuicios.

HOPPE.—No hay que pagar con los niños los pecados de sus padres. Tú también llegarás a esa conclusión.

HANS *(cohibido)*.—Yo… Yo…

ANNCHEN *(llega con una bandeja con una jarra de vino húngaro, botellas de cerveza y vasos y pone todo sobre la mesa)*.—¿Está bien así, tito?

HOPPE.—Perfecto, hija. ¡Siéntate! Que cada no se sirva. Has tenido la precaución de traer un vaso para ti. *(Se sirve cerveza.)*

ANNCHEN *(se ha sentado)*.—Sí, tito, con su permiso. Tenemos que beber mientras Hans aún esté aquí. *(Quiere servir a Hans.)*

HANS *(rechazándola)*.—Déjalo, Anna, lo haré yo mismo. No quiero darte trabajo. Siéntate.

ANNCHEN le ofrece la jarra con mirada suplicante.

HANS se echa vino y devuelve la jarra como si no viese a Anna.

HOPPE *(levantado su vaso)*.—Brindemos a la salud de la querida Emma, tu madre, Hans, a la que tanto te pareces.

HANS *(choca su vaso con el de Hoppe)*.—¡A también a tu salud, tío Hoppe!

HOPPE.—¡Por aquella época de hace veinticinco años!… ¿No quieres brindar con tu primo? ¡Tendrías que haber visto entonces a tu tío, Anna!

ANNCHEN *(levantando el vaso y mirando a Hans)*.—No sé si Hans quiere…

HANS *(también con el vaso en alto, testarudo)*.—¿Si quiero? Más bien, si tú quieres, Anna. A mí no me importa. *(Choca su vaso con el de Annchen.)* ¡Salud, Annchen! ¡Por que pronto me pierdas de vista! ¡Por que ya no pueda reírme de ti! *(Bebe.)*

HOPPE *(divertido)*.—¿Así que te has reído de ella? ¡Bien hecho! ¡Se lo merece! Y para reconciliarse, nos va a cantar algo.

ANNCHEN *(dando un sorbito)*.—¡Ah, tito, no puedo!

HOPPE *(bebiendo)*.—¿No puedes? Entonces, ¿de qué han servido las clases? ¡Demuéstraselo a tu primo!

HANS *(con alegría desesperada)*.—¡Sí, canta, Annchen! ¡Canta! ¡Una canción de despedida! ¡De adiós para siempre!

Annchen (*poniéndose de pie*).—Hans, ¿conoces la canción «Hace mucho, mucho tiempo»? Encaja perfectamente. Es muy triste.

Hans.—No, no la conozco. Tienes que cantarla.

Annchen va hacia el fondo, separa un poco las cortinas y entra en el salón. Se escuchan algunas notas sin que se vea a Annchen.

Hoppe (*tarareando para sí*).—Hace mucho, mucho tiempo… Me lo puedes creer, Hans… (*Bebe, pensativo.*)

Hans (*vaciando su vaso*).—Lo creo, tío Hoppe.

Hoppe.—Pero sucedió. Pregúntale a tu madre, Hans. O mejor no se lo preguntes porque si no, al final se enfadará.

Annchen (*canta en el salón*).—Hace mucho, mucho tiempo. (*Delante, ensimismamiento silencioso; a veces dan algunos sorbos.*)

Hoppe (*tras unos momentos, se pone de pie, camina de puntillas hacia la librería, regresa con una caja de puros, a media voz*).—Los había olvidado por completo. ¿Quieres uno, Hans?

Hans (*también en voz baja*).—No, gracias, tío Hoppe. Todavía no. Aún no me he adquirido la costumbre.

Hoppe (*de pie junto a la mesa, enciende un puro; a media voz*).—A tu edad ya fumaba mucho. Pero en pipa, claro. Los puros eran demasiado caros. (*Vuelve a sentarse.*)

Annchen ha terminado de cantar. Las últimas notas se han desvanecido. Breve silencio.

Hans (*medio para sí*).—Hace mucho, mucho tiempo. Creo que sé, tío Hoppe, lo que tiene que sentirse cuando uno se sienta y piensa en su juventud. En todas las cosas hermosas que ha vivido.

Hoppe *(escuchando).*—¿Oyes cómo canta el estornino en el jardín? Y ahí fuera, la primavera, mira, que se ha mantenido joven. Pero uno se vuelve viejo y gris. Pero eso no puede impedirnos cantar. Pero no hay que avergonzarse ante los jóvenes.

Hans *(entusiasmado).*—¡Sí, tío Hopper! ¡Alguna canción estudiantil!

Annchen *(ha vuelto del salón).*—Ya ve que he cantado, tito. Ya que Hans está aquí, puede usted cantarnos algo.

Hoppe.—Para que veas, Hans, que nosotros también valíamos algo. No nos quedábamos atrás. *(Bebe, se aclara la garganta, canta.) En la profunda bodega estoy sentado... (Se interrumpe.)* ¡Necesito el acompañamiento de la música! *(Se pone de pie y va al salón. Durante la siguiente escena, se oyen los primeros versos y de vez en cuando alguna nota.)*

Annchen *(se ha sentado al lado de Hans, apesadumbrada).*—¿Estuvo bien la canción, Hans?

Hans *(golpea su vaso en la mesa).*—¡Sí, muy bien, Anna! Venía al caso. *(Tarareando.) Cántame la canción... (Bajando la voz.) Que un día me fascinó.*

Annchen.—Cuando te marchas, podrás recordar que la he cantado. Así te acordarás de mí.

Hans.—Entonces me acordaré de ti.

Annchen.—Y cuando regreses...

Hans.—¿Regresar, Anna? ¡Dios mío! ¡Quién sabe cuándo!

Annchen.—¿Pero volverás dentro de diez años, Hans?

Hans.—¡Dentro de diez... años! *(Absorto.)* Dentro de diez años... Entonces estaremos viejos y fríos.

ANNCHEN.—Viejos y fríos… Entonces podrás regresas, Hans. Entonces habrás olvidado cuánto te hacía enfadar la malvada Anna.

HANS *(dominándose a duras penas)*.—Y tú al malvado Hans.

ANNCHEN.—Entonces pasará lo que siempre había pensado. Entonces seré una vieja y me sentaré en la sala para hacerle compañía al tío. Entonces él ya será un anciano y hablaremos de nuestro Hans, que no quiere venir.

HANS *(con humor negro)*.—Y al que hace mucho que habremos olvidado. ¡Así es! *(Bebe su vaso de un trago.)* ¿Por qué no bebes, Anna? ¡Bebe y olvida! *(Coge su mano y la estrecha convulsivamente.)*

ANNCHEN lo mira con ojos silenciosos y empañados.

CAPELLÁN *(entra, como antes, vestido con levita negra, pero extrañamente alegre)*.—¡Ah, el mundo feliz! Celebrando con cerveza y vino. ¡Y el señor párroco canta una alegre canción! *(Se acerca.)*

HANS.—¡Y por qué no! ¡La vida es breve! ¡Salud, Anna!

CAPELLÁN *(se sienta a la mesa)*.—El señor estudiante tiene razón. Esa es la enseñanza del viejo pagano Horacio. Sigamos su ejemplo. Si la Panna quiere servirme un vaso…

ANNCHEN *(poniéndose de pie)*.—Ahora mismo, señor capellán. ¡Qué animado está usted! ¡Tiene otra cara, sí! *(Delante de él.)* Tiene usted que bailar, señor capellán.

CAPELLÁN.—¡Solo falta bailar! La Panna tiene razón.

ANNCHEN *(coqueta)*.—¿No quiere, señor capellán? Hans no quiere bailar conmigo. Así que me queda usted.

CAPELLÁN.—A falta de uno mejor, tiene que bastar el capellán, ¿verdad, Panna Annuschka?

ANNCHEN *(pícara)*.—¿Sí, señor capellán?

CAPELLÁN *(se pone de pie)*.—Bien, si la Panna lo ordena, tendremos que bailar. En Roma haz como los romanos, reza el dicho. No se puede hacer nada más. Empecemos. Su tío tocará el piano. *(Va hacia ella.)*

ANNCHEN.—Solo un vaso, señor capellán... *(Muy alegre.)* ¡Ah, bailar, sí, bailar! *(Sale corriendo.)*

HOPPE *(llega del salón)*.—¿Qué estoy oyendo, queridos? ¿Quién quiere bailar? ¿El bueno de Gregor? El mundo está cada día más loco. Jamás lo habría soñado, ¡ver para creer!

CAPELLÁN.—Tiene razón, señor párroco. Hoy en día se suceden signos y milagros. *(De buen humor.)* Si el señor párroco me de la dispensa, como mi superior espiritual...

HOPPE *(vaso en mano)*.—Hijos, esto nunca había pasado en esta casa. Y solo es porque tú estás aquí, Hans.

ANNCHEN *(ha entrado con los vasos)*.—¿Verdad, tito? A ahora quiere marcharse a toda prisa. No he parado de rogárselo. Ahora volveré a intentarlo. *(Mirándolo a la cara.)* Hans, quédate, ¿sí?

HANS *(frío y cortante)*.—No, Anna.

CAPELLÁN *(ha bebido deprisa)*.—¡Bravo, señor estudiante! ¡Breve y claro! La Panna ha malgastado sus miradas.

ANNCHEN *(se vuelve al capellán)*.—¡Ah, señor capellancito, y nuestro baile? A ver si lo vamos a olvidar. ¡Vamos a divertirnos!

CAPELLÁN *(luchando consigo mismo)*.—¡Ah, Pannie, Pannie!

HOPPE.—¿Un caballero que está pensando en dar calabazas a su dama? En mis tiempos yo no lo habría pensado tanto. *(Va al salón.)*

ANNCHEN *(coqueta).*—Tito, mire, el señor capellán no puede decir que no.

CAPELLÁN *(vencido).*—¡Ah, Pannie, Pannie, en qué convierte usted a un hombre! *(Le da la mano.)*

ANNCHEN.—Ahora vamos a bailar juntos y no pararemos nunca. *(Va al salón sin prestar atención a Hans.)*

CAPELLÁN.—Una danza polaca, señor párroco, si es posible elegir.

HOPPE.—A ver qué puedo hacer. Lleva mucho tiempo oxidándose en esta vieja cabeza. *(Los tres van al salón. Al momento se oye música y baile.)*

Breve pausa.

AMANDUS *aparece en la puerta de la derecha con el rifle en la mano.*

HANS *(se había quedado sentado, con la cabeza agachada, sumido en sus pensamientos; levanta la vista).*—¡Ah, mira, el primo Amandus! ¿Qué traes ahí?

AMANDUS *se acerca y sonríe enseñando los dientes.*

HANS *(distraído).*—¿Has estado disparando?

AMANDUS *(sonriendo).*—¡Arma buena! ¡Acerté lejos! *(Levanta la escopeta y apunta a Hans.)*

HANS *(aún distraído).*—Sí, seguro… *(De repente.)* No estará cargada, ¿verdad, Amandus?

AMANDUS *(sin dejar de apuntar y de sonreír).*—¡Muchas balas! ¡Lleno!

HANS *(poniéndose de pie, asustado).*—¿Estás loco, Amandus? *(Va hacia él.)* ¿Qué tienes en la cabeza?

AMANDUS *(baja la escopeta).*—¡Solo era broma! *(Se pone la escopeta al hombro.)*

HANS *(a su lado, quiere cogerle el arma).*—¡Gracias por la broma! ¡Dame el arma! ¿Qué vas a hacer?

AMANDUS.—¿Dónde está tío?

HANS.—Tocando el piano. ¿Lo oyes? ¿Por qué lo preguntas?

AMANDUS *(va hacia la puerta).*—La vaca va a tener hijo. ¡Quería decírselo!

HANS *(lo sigue).*—¿La vaca? ¿Sí? ¡Pues muy bien! Dame el arma, Amandus, ¿quieres?

AMANDUS *(ya casi en la puerta).*—La vaca tendrá ternero. Vine a decirlo. *(Sale.)*

HANS se queda indeciso durante un momento. En el salón, la música se ha desvanecido.

ANNCHEN *(entra corriendo, muy acalorada. El capellán y Hopper la siguen despacio).*—¡Un buen baile! ¡Y qué bien ha tocado usted, tito! ¡Jamás lo habría imaginado!

HOPPE.—¡El bueno de Gregor es un excelente bailarín! ¡Vaya, sí, todo lo que ocultan los hombres! *(Vuelve a sentarse a la mesa y mira fijante al frente.)*

HANS *(de pie junto a la mesa, levanta su vaso).*—¿Brindamos, Annchen? Mañana a esta hora me habré ido y ya no seré un estorbo.

ANNCHEN *(choca su vaso con el de Hans).*—Ah, Hans, mañana a esta hora quizá estemos muertos. ¡Quién puede saberlo!

HANS.—¡Pues mejor que mejor! Pero ahora, Annchen, quiero enseñarte algo en el piano. No me lo puedes negar. *(Va al salón.)*

ANNCHEN lo sigue en silencio.

CAPELLÁN *(poniéndose súbitamente en pie).*—Solo una palabra, señor párroco.

HOPPE *(se ha sentado)*.—Mejor dos, querido George. Mientras tanto beberé otro vasito de cerveza. *(Echa cerveza en su vaso.)*

CAPELLÁN.—¿No le llama la atención la estrecha relación de los jóvenes?

HOPPE.—No sabría decir. Son familia. Y los jóvenes se comportan de esa manera. Se pelean y se reconcilian en un santiamén. Nosotros también lo hicimos, mi querido Gregor.

CAPELLÁN.—Imagino que se refiere a pelearse y a reconciliarse, ¿pero también a besarse?

HOPPE *(dejando su vaso)*.—¿Besarse? ¿Deberíamos incluirlo también en el programa? Creo que la respuesta es sí. Apenas recuerdo… No, en serio, mi buen Gregor, ¿por qué no habrían de hacerlo? A lo mejor en el futuro se convierten en pareja.

CAPELLÁN.—Disculpe, señor párroco, no puedo dejar de acordarme del ejemplo de su pobre hermana. *(Desde el salón llega una melodía apagada.)*

HOPPE *(enderezándose, cortante)*.—No hay ningún motivo para eso, señor capellán. Esos son asuntos familiares con los que no le he molestado.

CAPELLÁN.—Consideré que era mi deber decir lo que he visto y oído. Los principios que le he oído al joven son más que laxos.

HOPPE *(más tranquilo)*.—No he percibido tal cosa en Hans. Si realmente estamos ante un flirteo…

CAPELLÁN *(muy serio)*.—¡Señor párroco, señor párroco, por última vez! ¡Se arrepentirá! Se lo advierto. Se lo advierto. Es mucha hora.

HOPPE *(firme)*.—¡Hans es el hijo de mi amiga de juventud! Definitivamente, no lo creo capaz de hacer nada malo. Por lo demás, podemos oírlo a él mismo. *(Llamando.)* ¡Hans! ¡Hans!

CAPELLÁN *(nervioso)*.—¿Qué pretende?

HANS *(viene del salón; Annchen lo sigue)*.—Aquí estoy, tío Hoppe. ¿Me has llamado?

HOPPE *(medio malhumorado)*.—Acércate, Hans. ¿Es verdad que tus principios son un poco laxos?

HANS *(junto a la mesa, sorprendido)*.—¿Cómo? ¿Mis principios? ¿Por qué lo preguntas?

HOPPE.—El señor capellán me ha dicho que tienes unos principios laxos. ¿Es verdad? Dinos tu profesión de fe.

CAPELLÁN *(luchando por controlarse)*.—Aquí, delante del señor párroco, le pregunto, señor estudiante, ¿cree en Dios y en su justicia? ¿Cree, en fin, en algo?

HANS guarda silencio, como aturdido.

ANNCHEN.—Pero, tito, si Hans ha estado hoy en la iglesia y mañana iremos de nuevo.

CAPELLÁN.—Se lo pregunto, señor estudiante.

HOPPE.—Vamos, Hans, ¿no quieres responder? ¿Tiene razón el señor capellán?

HANS sigue callado.

AMANDUS *(entra corriendo, grita)*.—¡Venir, rápido! ¡La vaca tiene un hijo! ¡Rápido! ¡Ternero grande!

ANNCHEN *(con entusiasmo)*.—¡Ah, tito, rápido! ¡Tenemos que ir a ver!

HOPPE *(levantándose de un salto)*.—¡Ha tenido que llegar hoy! ¡No lo esperaba! Sí, rápido, Anna, a ver si todo está bien.

ANNCHEN *(ya en la puerta).*—¡Rápido, rápido! *(Salen ambos.)*

Breve pausa.

CAPELLÁN *(se yergue delante de Hans).*—¡Señor estudiante, ha callado! ¡Está juzgado!

HANS *(despertando).*—No sé, señor capellán, por qué me ha preguntado eso. Usted no es mi profesor de religión.

CAPELLÁN.—¿Por qué? Se lo diré. Porque quiero prevenir contra el lobo con piel de cordero que deambula por aquí y que quiere seducir a los corazones jóvenes.

HANS *(se sienta a la mesa y se sirve vino).*—Ah, señor capellán, no hablemos de eso. No nos pondremos de acuerdo.

CAPELLÁN *(ya de camino hacia la puerta, se da la vuelta).*—¡No nos pondremos de acuerdo, cierto, de la misma manera que el cielo y el infierno no se pondrán de acuerdo en toda la eternidad! *(Sale por la derecha.)*

Pausa.

HANS *(se sienta, da algunos tragos, empieza a tararear).*— *Y aún ayer las miradas, anhelantes, se cruzaron. /¿Y hoy? ¡Y hoy!... ¡Todo ha pasado! / Quizá separados para toda la vida... / Quizá, años más tarde, un reencuentro.*

ANNCHEN *(entra corriendo desde la derecha, mira furtivamente a su alrededor).*—¿No hay nadie aquí? ¿Hans?

HANS *(recomponiéndose).*—¡Anna! Pensaba que estabas fuera. Se han ido todos. Estoy solo. El capellán también se ha marchado.

ANNCHEN *(presurosa).*—Me he escapado, Hans. El tío aún está en el establo. Puede llegar en cualquier momento. Tienes que decirme... *(Se sienta a su lado, lo mira fijamente.)*

Hans *(triste)*.—¿Qué, Anna?

Annchen *(lo abraza)*.—No vuelvas a poner esa cara. No puedo verte así. No quiero que sigas enfadado.

Hans.—No estaba enfadado. Solo triste porque piensas que me río de ti.

Annchen.—Ah, Hans, no lo pienso. Lo dije por decir.

Hans *(con la cabeza agachada)*.—¡Ojalá lo hubieses dicho en serio! ¡Al menos así me habría resultado más fácil marcharme!

Annchen *(estrechándolo entre sus brazos)*.—¡Hans, no dejo que te vayas! ¡Si te vas, no podré seguir viviendo!

Hans *(desesperado)*.—¡Annchen, Annchen, qué estás diciendo?

Annchen *(con los ojos muy abiertos y horrorizados)*.—¡El capellán quiere meterme en un convento! ¡Pero contigo aquí, no tendré ningún miedo!

Hans *(alterado)*.—¡Pero cómo se te ha ocurrido eso! Nuestro tío tampoco lo permitiría.

Annchen *(como antes)*.—El capellán ya ha escrito. Y le han respondido. ¡Si te vas, podrá hacer conmigo lo que quiera! ¡Tienes que quedarte, Hans! ¡Tienes que quedarte!

Hans *(se levanta de un salto; fuera de sí, camina rápidamente arriba y abajo)*.—¡Pero, Anna, Anna! ¿Qué vamos a hacer, qué vamos a hacer?

Annchen *(se pone de pie y va hacia él)*.—No quiero disgustarte más. ¡Haré todo lo que tú digas!

Hans *(temblando, apretándole convulsivamente las manos)*.—¿¿Annchen, de verdad…??

Annchen.—¡Y si no quieres quedarte, al menos un tiempo, un par de semanas, un par de días, me moriré!

HANS *(enloquecido)*.—¡Morir! ¡Morir! ¡Entonces nos iremos juntos!

ANNCHEN *(con la cabeza apoyada en su pecho)*.—¡Sí, pero aún no, Hans! ¡Ahora tenemos que vivir y divertirnos!

HANS *(se suelta, camina arriba y abajo, con respiración agitada)*.—¿Me quedo, Annchen?

ANNCHEN *(jubilosa)*.—¡Quédate, Hans, quédate!

HANS *(va hacia ella y la aprieta contra sí, con fervientes susurros)*.—¡Annchen! ¡¿Annchen…?!

ANNCHEN *(en sus brazos, débilmente)*.—¡Abrázame hasta la muerte, Hans! ¡Abrázame hasta la muerte!

HANS *(la levanta en el aire y vuelve a ponerla en el suelo)*.—¡Ahora puede hundirse el mundo!

Telón

TERCER ACTO

Tercer día. Alrededor de la 7 de la mañana. Sala de estar, como antes. Mañana de primavera de un azul brillante. Amplios rayos de sol se posan sobre los viejos muebles. Las ventanas están abiertas de par en par. Los pájaros cantan en el jardín. Annchen, con ropa ligera de mañana, está sentada en el sofá, la cabeza apoyada entre las manos. Actitud descompuesta. Silencio.

HANS *(entra desde la derecha; consternado y con cautela se acerca lentamente a la mesa; se queda pensativo, observa a Annchen; tras un momento, en voz baja).*—¡No llores, Annchen!

ANNCHEN *(estremeciéndose).*—¡Dios mío! *(Levanta la mirada, asustada.)*

HANS *(triste).*—¿Tienes miedo de mí?

ANNCHEN *(oculta en él la cabeza, lo abraza).*—Pensé que eras el tío. No tengo miedo de ti, Hans. *(Abrazados en silencio.)*

HANS *(suspira).*—¡Sí, sí, Annchen!

ANNCHEN.—Cuando llegue el tío, no sé cómo voy a mirarlo a la cara.

HANS *(triste).*—¿Te arrepientes, Anna?

ANNCHEN *(irguiéndose, con tierna mirada).*—No me arrepiento de nada que haya hecho contigo. Pero el pobre tío…

HANS *(como antes).*—No pienses en eso, Annchen. Me voy a quedar, ahora me voy a quedar aquí. *(Se sienta en la silla que está delante del sofá, le da un beso en la cabeza y mira, melancólicamente, hacia la ventana.)*

ANNCHEN *(sin dejar de mirarlo).*—No estés tan triste, Hans. Te gustará estar aquí. *(Le coge una mano.)*

HANS *(ensimismado).*—¡Te lo prometí! *(Se levanta de repente, respira con dificultad.)* ¡Qué pequeño es esto, qué pequeño! *(Va a la ventana.)* Y la ventana está abierta. *(Asoma la cabeza por la ventana, respira profundamente, regresa despacio, más aliviado.)* ¡Ah, qué bien sienta el aire de la mañana!

ANNCHEN *(de nuevo asustada).*—¡Ojalá ya hubiese pasado todo! ¡Ojalá el tío ya hubiese vuelto de la misa!

HANS *(en la ventana).*—¡Hoy hará un día precioso! Cuando lo pienso… ¡Ahora tendría que haber salido al mundo! *(Se estira convulsivamente.)*

ANNCHEN *(medio para sí).*—Creo que es la primera vez que no asisto a la misa de la mañana. ¡Qué va a pensar el tío!

HANS *(caminando, malhumorado, arriba y abajo).*—¡El tío y el capellán y este y aquel! Tú tienes miedo de todos, pero ¿qué voy a decir yo?

ANNCHEN.—¡Tú y yo! Pero no le tengo miedo a nada. Pueden matarme a palos. Solo que me da pena haberle hecho esto al pobre tío.

HANS *(alterado, se para delante de ella).*—¿Así que yo? ¡¿Yo…?! ¿Y qué dirán mis padres? En eso no piensas. Cuando no vaya a la universidad y además… *(Vuelve a caminar arriba y abajo.)* ¡No me lo quiero ni imaginar!

ANNCHEN *(en voz baja).*—Hans…

HANS *(se acerca a ella, la abraza de repente, la estrecha fuertemente entre sus brazos y la besa).*—¿Me quieres, Annchen?

ANNCHEN *(en sus brazos).*—Ya la sabes, Hans.

HANS *(sin soltarla).*—Por encima de todo.

ANNCHEN *(en voz baja).*—Por encima de todo.

HANS *(devorándola con la mirada).*—¿Qué querías preguntarme?

ANNCHEN *(de nuevo temerosa, en voz baja).*—Y si alguien me vio ir a tu cuarto...

HANS *(pone la mano en su pelo).*—Acabo de decírtelo y tú vuelves a lo mismo. *(Enfadado.)* Te arrepientes... Eso es todo.

ANNCHEN.—¡No, no, de verdad que no! Es que tuve la sensación de que alguien me siguió. *(Estremecida.)* ¡Estaba tan feliz cuando llegué junto a ti! ¡De lo contrario, habría vuelto!

HANS *(enfadado).*—¿Sí? Y si no hubieses ido...

ANNCHEN *(también enfadada).*—¡Ah, lo haces todo, te echas a perder y esto es lo que recibes!

HANS *(pensativo).*—Sí, ¿pero qué pudo haber sido? Desde luego, un fantasma no.

ANNCHEN *(desesperada).*—¡Da igual! ¡Todo da igual! ¡Todo menos el tío! ¡El pobre tío! ¡Él, tan bueno conmigo, y yo, tan mala! ¡Tan completamente mala! *(Solloza.)*

HANS *(con lágrimas en los ojos).*—¡Tú no eres mala, Annchen! ¡No llores! ¡No puedo verte llorar! *(Se lanza sobre ella y le seca las lágrimas con sus besos.)*

ANNCHEN *(fuera de sí).*—¡No merezco que nadie me quiera!

HANS *(sollozando, apretando los puños).*—¡No soporto esto! *(Abrazo breve y apasionado. Se yergue, mira a Annchen, que ha vuelto a sentarse en la silla; con salvaje deseo.)* ¡Annchen, estás tan hermosa cuando te sientas así! *(Agarra su brazo.)* ¡Podría olvidarlo todo! *(Fuera de sí.)* ¡Bésame! ¡Bésame! *(Se inclina sobre ella.)*

ANNCHEN *(besándolo).*—¡Hans, mi bien! ¡¡Ah…!!

HANS.—¡Eres mía! ¡Que venga quien quiera!

ANNCHEN.—¡Que me maten a palos, Hans! ¡Que lo hagan! ¡Todo me da igual! *(Silencio sobrecogido.)*

HANS *(la suelta, vuelve a caminar por la sala, estira los brazos).*—Qué dulce… *(De repente.)* ¡Y ahora llega la lucha! ¡Ahora hay que…! *(Delante de Annchen.)* ¿En qué piensas?

ANNCHEN *(ensimismada).*—Pienso en mi madre, en si quiso a mi padre tanto como yo te quiero a ti.

HANS *(melancólico).*—¡Olvida el pasado! ¿Por qué piensas en eso? Esta vez todo será diferente.

ANNCHEN *(para sí).*—Me imagino cómo pasó todo. Así somos. Cuando queremos a alguien, puede hacer con nosotras lo que quiera. Cuando te vi antes de ayer, lo supe todo en el momento. Y así sucedió.

HANS *(conmovido).*—Anna, no digas eso. Esta vez todo es diferente.

ANNCHEN *(sin inmutarse).*—Te irás y yo me quedaré sola. Como le pasó a mi madre. Volverá a pasar.

HANS *(emocionado).*—¿Sí? ¿Y qué más? ¿Qué más?

ANNCHEN.—Pero no iré al convento. Mi madre no lo hizo. Cuando el capellán vuelva con su carta, cogeré la escopeta, saldré al jardín, me pondré bajo el peral y me pegaré un tiro. Pero tú tienes que prometerme que no me olvidarás, ¡que pensarás en tu Annchen! *(Sonriendo.)* En tu primer amor, ¿verdad, Hans?

HANS *(entre la emoción y la ira)*.—¡Qué estás diciendo, estás diciendo que yo soy esa clase de persona! ¡Entonces dime simplemente que quieres que me vaya! ¡Que no te importo nada! Si te importase, no me hablarías así! ¡Muy bien, entonces me marcho!

ANNCHEN *(atrayéndolo)*.—¿No soy tu primer amor? ¿No me dijiste la verdad?

HANS *(acariciándola)*.—¿Tengo que decírtelo otra vez, Anna?

ANNCHEN *(en voz baja)*.—Soy tan feliz… Sería tan hermosos si te quedases… Pero creo que no lo harás. ¡Sería tan hermoso!

HANS *(suavemente)*.—¿Por qué no, Annchen? ¿Por qué piensas eso? ¿Crees que tengo miedo de alguien? Puedo decírselo francamente a quien sea.

ANNCHEN *(como una visionaria)*.—¡Hans, no te quedarás! ¡No lo harás! No digas nada.

HANS *(se pone de pie, pensativo)*.—¡Así que crees que no me quedaré! *(Camina despacio, con pasos pesados, por la habitación.)* ¡Crees que soy esa clase de persona! ¡No lo soporto! *(Desesperado, da un puñetazo en el secreter.)* ¡No lo soporto! ¡Tengo que irme! ¡Lo sé! *(Pensando.)* Tengo tantos deseos que no me estableceré en ninguna parte. El capellán tenía razón. No llegaré a nada. Estoy acabado. *(Delante de Annchen.)* Sí, tal y como dijo, estoy acabado.

ANNCHEN *(triste)*.—¡Mi pobre Hans!

HANS *(estremeciéndose)*.—¡Mi pobre Annchen! *(Convulso.)* ¡Estoy acabado! ¡Así es! Ojalá ya hubiese pasado todo, ojalá no hubiese que luchar. ¡La horrible lucha! *(Se sienta a la mesa;*

sumido en sus pensamientos.) ¡Cuando lo pienso, antes de ayer a esta hora! ¡Y hoy! ¡Todo como un sueño! ¡Como un sueño! Aún estaba en camino. ¡Aún me imaginaba todo! *(Se endereza en un éxtasis desesperado.)* ¡He sido tan feliz! ¡Tan feliz! ¡Jamás volveré a serlo! ¡Jamás! ¡No me imagino sin ti, Anna! *(Enloquecido.)* ¡Es in… con… ce… bi… ble! *(Golpea la mesa con la cabeza.)*

ANNCHEN *(de repente, se pone a escuchar qué pasa fuera; se pone de pie, aterrorizada).*—¡Ay, Dios mío! ¡Ha sonado la campana! Ha terminado la misa. Llegarán en cualquier momento. *(Se inclina sobre Hans.)* Hans, ¿qué te pasa? ¿Qué te pasa?

HANS *(se pone de pie, aturdido).*—Nada, Annchen. Ya estoy bien.

ANNCHEN *(escuchando, muy nerviosa, con los ojos muy abiertos).*—¡Ya vienen! ¡Ya vienen! ¡Hans, no me abandones! ¡Me muero! *(Lo abraza.)*

HANS *(intenta soltarse).*—¡No puedo! ¡Déjame que suba! ¡No podemos estar juntos así, en este estado! ¡Todo el mundo se dará cuenta! *(Casi llorando.)* ¡Piensa, Annchen! ¡Luego bajo! ¡Pero ahora no! *(Se ha liberado, intentar irse.)*

ANNCHEN *(desplomándose, con un grito).*—¡Hans!

HANS *(ya en la puerta, desesperado).*—¡Anna, no puedo! *(Sale.)*

Breve pausa.

CAPELLÁN *(y tras él Amandus entran desde el salón. El capellán, con los ornamentos, frío y sombrío).*—Buenos días, Pannie. *(Cruza la sala para ir a la puerta de la derecha.)*

ANNCHEN *(ha intentado recomponerse; de pie junto a la mesa)*.—Buenos días, señor capellán. *(Mirando a su alrededor.)* ¿Y el tío? ¿Dónde lo ha dejado? ¿Aún no viene de la iglesia?

CAPELLÁN *(en la puerta)*.—Está confesando. Esta mañana celebré yo la misa, Pannie. La misa por el alma de su madre.

ANNCHEN *(deshecha)*.—¿La misa? ¡¿Por el alma de mi madre?! *(Se cubre el rostro con las manos.)* ¡No lo sabía! *(Sollozando.)* ¡Justo hoy!

CAPELLÁN *(con frialdad)*.—Pensaba que la sorpresa le gustaría. No podía saber que no asistiría a la misa. No siento mucho. *(Sale por la derecha.)*

ANNCHEN *(destrozada)*.—¡Y justo hoy!

Breve pausa.

AMANDUS *(que, mientras tanto, ha estado husmeando por la sala, ahora se acerca a Annchen y la mira; tras un momento)*.—¡Bonitos rezos por mamá! *(Junta las manos.)*

ANNCHEN *(junta las manos; en voz baja)*.—¡Mamá que estás en el cielo, reza por mí! ¡Tú estás bien ahí! ¡Pero yo…!

AMANDUS *(con una mueca)*.—¡El tío te reñirá!

ANNCHEN.—¿Por qué, Amandus? *(Va a la puerta.)*

AMANDUS.—¡Por saltarte misa! ¡Dios enfadado!

ANNCHEN.—Mamá me perdonará. Y Dios, también. *(Sale por la derecha.)*

AMANDUS *vuelve a olisquear por la sala, mira dentro del armario, coge un plato con gofres, sonríe, se pone a devorarlos uno tras otro.*

ANNCHEN *(llega con el café, ve a Amandus, corre a la mesa, deja las cosas, va junto a Amandus)*.—¡Deja eso, Amandus! ¡Los había guardado para Hans! ¡Y te los estás comiendo todos! ¡Déjalos! *(Le quita el plato y lo guarda en el armario.)*

AMANDUS *(le tira un gofre a los pies; malicioso).*—¡Deja comer! *(Señalándose.)* ¡Venganza! ¡Decir todo! ¡Chivar todo!

ANNCHEN *(sin inmutarse, mientras coloca las cosas del café).*—Ni te voy a preguntar si tienes algo de qué chivarte, Amandus. Solo ten cuidado de no cruzarte con Hans o lo pasarás mal.

AMANDUS *(malicioso).*—¡Caca de la vaca!

ANNCHEN.—¡Puaj, Amandus! ¡Qué expresiones son esas! ¿No te da vergüenza! ¿Lo has aprendido en la iglesia?

CAPELLÁN *(entra desde la derecha; con levita negra).*—¿Molesto a la Panna?

ANNCHEN.—¡Claro que no, señor capellán! Ahora termino de preparar el café. Podrá tomarlo enseguida con Amandus. *(Hace todo lo posible por evitar su mirada.)*

CAPELLÁN *(mirándola furtivamente).*—¿Y la Panna? ¿No va a tomar café?

ANNCHEN *(vuelta hacia la puerta).*—Ah, no, señor capellán. Ahora no tengo ganas. Lo tomaré cuando venga el tío. *(Sale mientras mira, medrosa, al capellán.)*

El CAPELLÁN se sienta a la mesa; un lúgubre pensamiento empieza a ocupar su mente.

AMANDUS *(va desde la ventana, donde había estado como acechando, hacia el capellán con una postura tensa, como preparado para saltar, como un tigre. Le brillan los ojos. Tiene la voz ronca).*—Esta noche vi Annuschka. No me dio gofres. Nada. ¡Contar todo! ¡Oír todo!

CAPELLÁN *(levantado la vista, temeroso).*—¿Qué te ha pasado, Amandus? ¡Qué aspecto tienes! ¿Qué quieres contar? ¿Qué sabes?

AMANDUS *(delante de él, sin parar de hablar).*—Sé algo de Annuschka. Salió por la noche. Yo despierto. Crujidos. ¡Escaleras, escaleras! Salgo. ¡Cojo navaja! *(Sostiene en la mano su navaja abierta; siempre con gestos.)* ¡Todo oscuro! ¡Huuu! ¡Muy oscuro! ¡De puntillas! ¡Yo sigo! ¡Veo! ¡Puerta del extranjero! ¡Luz por debajo! ¡Veo a Annuschka! ¡Entra! ¡Puerta cerrada! ¡Me quedo! *(Rugiendo.)* ¡Mato yo! ¡Saco vísceras!

CAPELLÁN *(se ha puesto de pie, camina, a pasos apresurados, arriba y abajo, se detiene delante de Amandus).*—¡Amandus! Ya sabes que Dios lo oye todo. ¡Si mientes, Dios te castigará! ¡A lo mejor te mueres en el acto! Dios lo sabe todo. ¿Es verdad lo que me has dicho? ¿Lo has visto?

AMANDUS *(con la mano en el corazón).*—¡Por Dios! ¡Por Dios!

CAPELLÁN *(conmocionado).*—¡Lo sabía! ¡Lo sabía! *(Tiene que sentarse en la silla.)*

AMANDUS *(mira por la ventana; de repente, grita).*—¡Las gallinas, las gallinas! *(Sale corriendo por la derecha.)*

Breve pausa.

HOPPE *(llega desde el salón; mira a su alrededor).*—¿Usted solo tomando el café, mi querido Gregor? ¿Y Anna lo permite? ¿Y dónde está el dormilón de Hans? *(Va al armario, cuelga la ropa.)*

CAPELLÁN *(contenido).*—La Panna no quería tomar café hasta que usted no viniese.

HOPPE *(ocupado).*—¿Y Hans?

CAPELLÁN.—Aún no ha aparecido. Probablemente no ande muy lejos de donde esté la Panna.

HOPPE (*con la ropa de andar por casa; va hacia la puerta de la derecha*).—¡Anna! ¿Dónde estás, pequeña? ¡Mi apoyo en la vejez! ¿Dónde estás?… Nada. Todo como muerto. Tampoco Maruschka. (*Vuelve a la mesa y se sienta.*) Pues disfrutaremos sin ti del café. Algo habrá que hacer para sentirse bien en este valle de lágrimas. Nada más sacaremos de aquí. (*Se llena la taza.*) Uno se ha hecho viejo. Ahora le toca a la juventud. Los viejos ya hemos cargado con lo nuestros. Estamos doblados y cojos. Ahora os toca a vosotros coger el fardo. (*Observa a Gregor.*) Pero en general puedo decir que hemos llevado nuestro peso con más ligereza que vosotros, los jóvenes. No recuerdo haber puesto ya por la mañana temprano una cara tan cadavérica y amargada como la suya, mi querido capellán, en esta hermosa mañana. Me dolería en el alma.

CAPELLÁN.—Tampoco tendría en su juventud los motivos como tenemos hoy en día en este mundo de pecado y lujuria.

HOPPE (*bebiendo café*).—Aún estamos muy lejos de eso, mi querido Gregor. No me parece que en general el mundo haya ido a peor. Sigue siendo el mismo. No, lo que me parece es que arrastra usted una pequeña resaca por lo de ayer. Ni siquiera ha probado el café. Beba usted, que el café es bueno para estas cosas.

CAPELLÁN (*sombrío*).—No estoy de humor para sus bromas.

HOPPE (*jovial*).—Todos los síntomas de resaca. Ya sabe, cuando las aguas se agitan mucho. ¿O habrá que diagnosticarlo como depresión?

CAPELLÁN.—Tiene usted razón. Me arrepiento de la poca cabeza que demostré ayer. Me dejé llevar. Por un momento olvidé mis obligaciones sacerdotales. Un sacerdote que se olvida de sí mismo y se pone a bailar no merece las sagradas órdenes. Soy indigno, lo sé. Pasé la noche rezando, postrado ante Dios. Ha visto mi arrepentimiento. Quizá me perdone.

HOPPE *(benigno)*.—Se castiga a sí mismo demasiado, mi quiero capellán. Un pequeño baile no es un pecado mortal, sobre todo cuando su superior espiritual le ha dado la dispensa.

CAPELLÁN *(excitado)*.—¿También tenía la dispensa de Dios? Cuando lo pienso… ¡Haber sucumbido a la tentación! ¡Haber caído en la trampa del maligno! ¡Ay del que da mal ejemplo! ¡Como una piedra que se arroja a otro es quien se falta al respeto a sí mismo!

HOPPE *(serio)*.—Así va usted por el camino correcto, señor capellán. ¿Recuerda lo que siempre le he reprochado? Siempre me ha parecido demasiado duro, demasiado estricto. Me condena por completo. Hay que disculpar las pequeñas faltas de los hombres. No juzguéis, para que no seáis juzgados. Todos cometemos errores.

CAPELLÁN *(excitado)*.—Todos cometemos errores. ¡Cierto! Pero unos los cometen pequeños y otros, grandes. Los pequeños pecados se pueden perdonar, pues solo afectan a quien los comete, y si uno se arrepiente, puede salir purificado del examen de conciencia y a partir de ese momento su vida puede ser como unas vestiduras impolutas. Pero los otros pecados no serán perdonados, ni en la tierra ni en el cielo.

HOPPE *(serio)*.—Debo corregirlo, señor capellán. Según la doctrina de nuestras Iglesia, todos los pecados pueden ser perdonados si uno los confiesa y se arrepiente sinceramente. ¿Necesito decírselo a usted, como sacerdote?

CAPELLÁN *(fanático, con pasión)*.—Pero yo digo que esos pecados no pueden ser perdonados en toda la eternidad, pues no solo degrada a lo bestial a quien los comete. En su caída, arrastran a otros, a quienes engañan respecto de su salvación terrenal y eterna.

HOPPE.—¿De quién está hablando, señor capellán? ¿Se está refiriendo a alguien concreto o se trata solo de una imagen?

CAPELLÁN *(luchando por dominarse)*.—No se trata de una imagen. ¡Hablo de un hecho! ¡Un triste suceso! Es la confirmación de lo que ayer profeticé ¡y que usted no quiso escuchar! ¡Usted pretendía conocer mejor el mundo! ¡Ahora es demasiado tarde! ¡Ahora todo está perdido!

HOPPE *(enderezándose)*.—¿Está hablando de mi sobrino? ¿O de qué está hablando? ¡Sea claro, señor capellán!

CAPELLÁN.—Estoy hablando del seductor que ha metido en casa. ¡Tanto peor si es su sobrino!

HOPPE *(dominándose)*.—Hablemos con mayor moderación y tranquilidad, señor capellán. ¿Qué ha pasado?

CAPELLÁN *(fuera de sí)*.—¡¿Moderación cuando una pobre e inocente alma ha caído para siempre en la vergüenza y la perdición?! ¡Pregunte usted a la Panna Annuschka qué ha pasado esta noche entre ella y el señor estudiante!

HOPPE apoya la cabeza en las manos y calla.

Breve pausa.

CAPELLÁN *(más tranquilo)*.—¡Pregúntele! Se lo ruego. ¿La llamo? *(Va hacia la puerta.)*

HOPPE *(se endereza)*.—Haga lo que no pueda evitar hacer, señor capellán. Y ya veremos.

CAPELLÁN *(sale por la derecha; se le oye llamar)*.—¡Panna Annuschka! ¡Panna Annuschka!

Breve pausa.

HOPPE se queda pensando, tamborilea con los dedos en la mesa.

El CAPELLÁN vuelve a aparecer en la puerta.

ANNCHEN *(lo sigue; aún desde fuera)*.—¿Qué pasa, señor capellán?

CAPELLÁN *(serio)*.—La llama su tío. *(Entran lentamente en la habitación.)*

ANNCHEN *(entra, con una corazonada)*.—¿A mí? ¿El tío…?

HOPPE *(levanta la cabeza, mira a Annchen durante un rato; con tristeza)*.—¿Es verdad, Anna?

ANNCHEN *(horrorizada, mira al capellán; a continuación corre hacia su tío; primero se pone toda roja y, enseguida, mortalmente pálida; con un grito, se desploma a los pies de Hoppe)*.—¡Tito! ¡Ti…to!

Silencio.

HOPPE *(se recompone; desde lo más profundo de su ser)*.—¡Tu madre, Anna! ¡Tu… madre! *(Oculta la cabeza entre las manos.)*

ANNCHEN *(a sus pies, fuera de sí)*.—¡Pisotéeme, tito! ¡Pisotéeme!

HOPPE *(mirándola, conmocionado)*.—¿Qué me has hecho? ¿Acaso lo merecía?

ANNCHEN *(medio incorporada, con la cabeza hundida)*.—¡Deme una patada y me iré de este mundo! ¿Por qué he nacido? *(Solloza convulsivamente.)*

CAPELLÁN *(que durante esta escena ha permanecido junto a la ventana; ensañado)*.—¡Nacidos en el pecado y de nuevo recibidos en el pecado! ¡Ah, eterna justicia!

HOPPE *(ha oído las últimas palabras; con firmeza)*.—¡Levántate, Anna! ¡Póstrate ante Dios, no ante mí! *(La levanta.)* ¡Y ahora dile a Hans que venga! Tengo que hablar con él.

ANNCHEN *(sollozando)*.—¡No puedo separarme de Hans! ¡Mejor dígamelo todo a mí! ¡A mí! ¡Hans tiene un corazón demasiado tierno! ¡No lo soportará! ¡Toda la culpa es mía! ¡Lo quiero tanto! ¡Tanto! ¡No le haga nada! ¡Hágamelo a mí!

HOPPE *(con amargura)*.—¡Sí, Hans! ¡A quien recibí como a un hijo! ¡En quien confié como en mí mismo! ¡Ve a llamarlo! ¡Quiero hablar con él!

ANNCHEN *(aterrada, con las manos alzadas)*.—¡Tito!

HOPPE.—¡Ve a buscarlo y tranquilízate! ¡No va a pasar nada! Ya ves que estoy tranquilo.

ANNCHEN, destrozada, sollozando, se da la vuelta para irse.

CAPELLÁN *(se interpone en su camino)*.—¡Un momento, Pannie! Nosotros también tenemos que hablar. *(Saca la carta de su bolsillo.)* Tengo en la mano la carta de la hermana superiora. Todo estaba preparado para usted. Lo estaba esperando. *(Conmocionado.)* Lo deseaba fervientemente. He sido engañado. ¡Así que rompo la carta! *(Lo hace.)* No es digna de ingresar.

ANNCHEN *(se vuelve para seguir su camino)*.—Ah, señor capellán, ahora todo se ha acabado. Ahora puede hacer lo que quiera. *(Sale con la cabeza agachada.)*

CAPELLÁN *(llamándola)*.—¡Acabado, Pannie, también entre nosotros! Busque otro confesor que la absuelva. ¡A mí no! *(Va a salir.)*

HOPPE *(se ha puesto de pie)*.—¡Espere un momento, querido! ¿Qué tiene que ver todo esto con la carta? Explíquemelo.

CAPELLÁN *(delante de él)*.—Me preocupé por la salvación del alma de su sobrina. Pensé que debería entregarse libremente como ofrenda por la culpa de su madre. Escribí a la madre superiora en Breslavia, quien estuvo de acuerdo. ¡Habría sido mejor que esto!

HOPPE *(irguiéndose, con inusual dureza)*.—¿Y lo ha hecho a mis espaldas? ¡No deja usted de asombrarme, señor capellán! Ahora entiendo por qué la pobre muchacha no sabía qué hacer. Al final se ha echado en brazos del primero que ha llegado. ¿Sabe que también usted tiene a la muchacha sobre su conciencia?

CAPELLÁN *(cortante)*.—Rechazo toda culpa. Estoy limpio. Quería lo mejor. Si fuese por mí, nada de todo esto hubiera sucedido. ¡Pero usted! ¿Qué ha hecho usted? Ha permitido que crezca la frivolidad que germina en la sangre degenerada. Usted mismo ha dado un ejemplo de indolencia… y mundanidad…

HOPPE *(rojo de ira, con el estallido de una fuerza contenida durante decenios)*.—¡¿Qué confianzas son estas, joven?! ¿Le va a decir a un anciano cómo tiene que vivir? ¿Qué puedo y que no puedo hacer? Mi dedo meñique ha vivido más de lo que su cabeza puede concebir. ¡Libré mi lucha cuando usted ni siquiera había nacido! Mi lucha con el mundo y conmigo mismo, con este que ahora está delante de usted. ¡Luche usted primero, como hice yo! ¿Y quiere darme órdenes? ¿Cree que debería cambiar por usted lo que he sido hasta ahora? *(Apretando los puños.)* ¿Sabe lo que son los viejos puños de campesinos? ¿Sabe que si cae en mis manos puedo destrozarlo?

CAPELLÁN *(haciendo esfuerzos para dominarse).*—¡Atáqueme! ¿Por qué no lo hace?

HOPPE.—¡Porque me compadezco de su inexperiencia! ¡Usted no hará que el mundo se desvíe ni un ápice de su curso! ¡Ya llegará el momento en que lo sepa! ¡Y entonces acuérdese de lo que hoy el viejo Hoppe le ha dicho en alto y claro alemán al señor polaco! ¡Y ahora separemos nuestros caminos! ¡Usted allí *(señala la puerta)* y yo aquí!

CAPELLÁN *(se gira).*—Me iré. Recogeré mis cosas rápidamente. Ya no tendrá que seguir viéndome.

HOPPE le da la espalda y va a la ventana.

El CAPELLÁN va hacia la puerta y se encuentra con Hans. Durante un momento están frente a frente y se miden con la mirada. A continuación, el capellán lo mira con desprecio y sale.

HANS, que le sostuvo la mirada, se acerca y se detiene, indeciso. Silencio.

HANS *(en voz baja, pero firme).*—Aquí estoy, tío Hoppe.

HOPPE *(se da la vuelta, mira largamente a Hans y este baja la mirada; afligido).*—¡Así que para esto has venido, Hans!

HANS *(confuso).*—Tío Hoppe, yo... yo... no quería, yo... *(Se calla y se encoge de hombros, cada vez más abochornado.)*

HOPPE.—¡Acércate y mírame, Hans! ¿Tu conciencia no te dice nada?

HANS *(delante de él; compungido).*—¡Perdóname, tío Hoppe! Yo... *(Se inclina y besa la mano.)*

HOPPE.—¿Ves toda tu grave injusticia o aún eres demasiado joven?

HANS *(desesperado)*.—Tío Hoppe, me doy cuenta de todo. Pero nos queremos tanto… Nosotros… Nosotros… ¡Quiero tanto a Annchen! Sin ella no puedo… ¡Si supieras!

HOPPE *(seco)*.—¿Y lo demuestras haciendo desgraciada para siempre a tu prima?

HANS *(excitado)*.—¡No quiero hacerla desgraciada! Quiero… Quiero quedar… No lo había pensado todo…

HOPPE.—¿Qué no habías pensado? Habla, Hans, ya eres un hombre hecho y derecho, un universitario en ciernes. ¿Qué no habías pensado?

HANS *(más tranquilo)*.—Creo que cuando se quiere a alguien, no se piensa en todo… Todo te da igual… Entonces… *(Apasionadamente.)* Ah, si pudiese expresar cuánto amo a Anna… La quise desde el primer momento… Yo… ¡Cuántas cosas habría que decir!

HOPPE.—¿Sí? Entonces, ¿uno no piensa en todo? ¿Y tú sabes qué pienso yo? ¡Pienso que en ese momento se piensa en todo! Eso es lo que nos diferencia a la hora de pensar.

HANS *(con cierta obstinación)*.—¡Yo no puedo dominarme de esa manera! ¡No somos todos iguales! Yo… ¡Al fin y al cabo, solo soy un joven! ¡No puedo quedarme tranquilamente sentado cuando quiero abrazar a alguien, cuando quiero estrechar a alguien entre mis brazos!

HOPPE *(serio)*.—Sí, mi querido Hans, ¡y tanto peor para ti si no puedes dominarte! ¿Qué va a ser de ti? Yo también fui joven, pero… Yo también tengo mi historia, aunque ya esté un poco amarillenta.

HANS.—Será un caso diferente, tío Hoppe.

HOPPE *(tranquilo)*.—El caso fue de lo más común, mi querido amigo. No éramos tan románticos como los jóvenes de ahora. Yo era universitario, como tú. Pero era mayor que tú. En mi época, los estudios eran más lentos y se ingresaba en la universidad más tarde. Nos conocíamos desde niños. Ya ves, Hans, como tú y Anna. Y creo que también nos queríamos. Pero no nos comportamos como vosotros. Nos armamos de paciencia y esperamos.

HANS *(extrañamente sereno)*.—¿Y qué pasó, tío Hoppe? ¿Por qué te convertiste en sacerdote?

HOPPE *(tranquilo)*.—No pasó nada, mi querido Hans. A ella la espera se le hizo muy larga. Además, yo no tenía dinero. Al final se casó y yo me quedé donde estaba. Siempre fui terco. Tiré el bisturí y me hice clérigo. Sinceramente, creo que al hacer eso, en mi estupidez de aquel entonces, lo que quería era vengarme. Bueno, por suerte no hizo daño a nadie. Ni a mí ni a ella. *(De buen humor.)* ¿Pero sabes quién era mi adorada? ¡Adivínalo, Hans!

HANS *(pensativo)*.—No lo sé, tío Hoppe. ¿Quién?

HOPPE *(sonriendo)*.—Tu querida madre. ¡Imagínatelo!

HANS *(conmocionado)*.—¿Mi... madre?

HOPPE *(tranquilo)*.—¡Tu madre!... ¿Te das cuenta de que yo podría haber sido tu padre? Por eso siempre he pensado en ti como en un hijo. Por eso fui más confiado de lo que debería. Y así de mal me lo ha pagado el hijo de mi Emma.

HANS *(desesperado)*.—¡Tío Hoppe, yo no quería portarme mal contigo! Solo lo hice porque... ¡porque quiero locamente a Anna! *(Se sienta, gime suavemente.)*

HOPPE *(prosiguiendo, dolido)*.—Lo que más me duele es que la desdicha llegue por segunda vez de tu casa. Tu madre traicionó mis esperanzas. No le guardo rencor. La pobre no pudo evitarlo. Yo también llegué a ser feliz en mi nuevo estado. Me he encontrado. La familia que no pude tener la sustituí con Anna y Amandus. Todo estaba bien y olvidado. ¡Y ahora, después de veinticinco años, viene el hijo de mi amor de juventud y me hace esto! ¡Me roba la esperanza por segunda vez! ¡El sostén de mi vejez! ¡Hace de mi sobrina una desgraciada! ¡Mi niña! ¡Mi todo!... Algo así no puedo superarlo tan fácilmente. *(Oculta la cabeza entre las manos.)*

HANS.—¡No quiero hacerla infeliz! ¡Haré todo lo que pueda! ¡Tío Hoppe, no te pongas así! ¡No fue por maldad! ¡Annchen no será desdichada por mi culpa!

Silencio.

HOPPE *(se ha dominado)*.—¿Y qué piensas del futuro? ¿Qué va a pasar?

HANS *(vehemente)*.—Ya lo hemos hablado, tío Hoppe. Me quedaré aquí y…

HOPPE *(casi sonriendo)*.—¿Sí? ¿Te quedarás aquí? ¿Y tus padres? ¿Y tus estudios?

HANS.—Ahora no puedo pensar en mis padres. Lo primero es Anna.

HOPPE.—Hum… ¿Y qué vas a hacer aquí?

HANS *(apurado)*.—Yo… Yo… *(Se encoge de hombros.)*

HOPPE.—¡Eres un romántico! Venga, dime que vas a hacer aquí. Tendrás que trabajar. No podéis pasaros todo el tiempo con mimos y besos.

Hans *(poniéndose colorado)*.—Creo que puedo aprender a llevar todo esto. Más adelante…

Hoppe.—¿Sí? ¿Y tus padres? ¿Ya has pensado en lo que dirán tus padres? ¿Sobre todo esto, en general? ¿Tu madre?

Hans agacha la cabeza y calla.

Breve pausa.

Hoppe *(se acerca a él y le pone una mano en el hombro)*.—No, mi querido Hans, ahora te daré un consejo, un buen consejo. Vas a la universidad y comienzas tus estudios, tal y como habías acordado con tus padres. Es más, te marchas hoy mismo…

Hans *(enderezándose, con resolución)*.—No, tío Hoppe, ni hablar de eso. ¡No abandonaré a Anna!… Y si yo… ¡Antes me pego un tiro!

Hoppe.—No es tan fácil pegarse un tiro, amigo mío. No tienes que abandonarla. Cuando hayas avanzado en tus estudios, regresarás aquí y entonces hablaremos de nuevo.

Hans *(compungido)*.—Sí, tío Hoppe, eso haremos.

Hoppe *(mirándolo fijamente)*.—Y si eres un hombre de palabra, regresarás. ¿O no quieres, Hans?

Hans.—Claro que quiero volver, tío Hoppe. ¿Pero por qué tengo que irme hoy? Me quedo por lo menos hasta mañana.

Hoppe *(enérgico)*.—¡Ni una hora más! ¡No lo consentiré de ninguna manera! Ahora llamaré a Anna. *(Se da la vuelta.)* Os despediréis, y rápidamente. Debéis aceptar vuestro destino. Y de ti depende, Hans, si volvéis a veros. Ahora voy a avisar al coche. Te vas dentro de media hora.

Hans *(rogando)*.—¡Tío Hoppe!

HOPPE *(tranquilo)*.—¡Ni una palabra más! *(Abre la puerta.)* ¿Anna, estás ahí? ¡Ven aquí! *(Tira de Anna hacia la puerta.)* Decíos lo que aún tengáis que deciros. Mientras tanto, prepararán en coche. *(Sale.)*

ANNCHEN *(con ojos muy abiertos y perturbados, pálida)*.—¡¿Prepararán el coche?! ¡Te vas! ¡Te vas! *(Se echa sobre la mesa, solloza amargamente.)*

HANS *(acariciándola)*.—¡Pero escucha, Annchen! ¡Volveré! ¡De verdad! ¡Volveré!

ANNCHEN *(desconsolada)*.—¡Lo sabía, no te quedas! ¡Te lo dije! ¡Todo se ha acabado!

HANS *(llorando)*.—¡Annchen! ¡No estropees los últimos momentos! No sabes de qué he hablado con el tío… ¡Quiero llegar a ser alguien! ¡Y entonces regresaré!

ANNCHEN.—¡Y yo me quedo aquí con el capellán! ¡Y no puedo mirar al tío a la cara! ¡Y quién sabe qué pasará…!

HANS.—El capellán no puede hacerte nada. Se lo diré al tío. *(Delante de ella, la mira a los ojos.)* ¡Annchen, no te enfades conmigo porque me vaya! No tengo más remedio. ¡Es lo que quiere el tío! ¡Dímelo! ¿Sí?

ANNCHEN *(abrazándolo)*.—¡No volveremos a vernos!

HANS *(convulso)*.—¡Anna, Anna!

ANNCHEN *(maquinalmente)*.—¡Sales al mundo! ¡Me olvidarás! Y yo…

HANS *(con delicadeza y firmeza)*.—¡No te olvidaré! En solo unos días me he convertido en un hombre completamente nuevo. ¡Siento que soy mucho más mayor! Mucho más… ¡Créeme!

ANNCHEN.—¡Pero yo no te olvidaré! *(Atrae su cabeza hacia ella.)* Deja que vea tu rostro, Hans. Tus ojos azules. *(Lo mira fijamente.)* ¿Estás llorando, Hans? ¡No llores, ángel mío! *(Se abrazan en silencio.)*

ANNCHEN *(escuchando).*—¿Lo oyes, Hans? El coche está preparado. Ya se ha acabado todo…

HANS *(estrechándola entre brazos).*—¡Mi bien! ¡¡Mi…!!

AMANDUS, con la escopeta en la mano, aparece en el jardín, delante de la ventana, y mira hacia el interior.

ANNCHEN *(lo ve y se aparta de Hans).*—¡Amandus está ahí fuera! ¡Dile que se vaya!

HANS.—¡Déjalo, Annchen!

ANNCHEN *(insistiendo).*—¡No, no puede estar ahí! ¡Es malo! No quiero ni verlo.

AMANDUS enseña los dientes y juego con la escopeta.

HANS *(se acerca a la ventana; con tranquilidad).*—Amandus, ¿quieres apartarte de la ventana?

AMANDUS *(los ojos blancos y brillantes, descarado, desafiante).*—¡Me quedo aquí!

ANNCHEN.—¡Que no vea cómo nos despedimos! ¡Vete, Amandus!

HANS *(nervioso).*—¿Te vas ya, Amandus?

AMANDUS *(rugiendo).*—¡Perro extranjero! ¡Te mato! *(Prepara la escopeta.)*

ANNCHEN *(con un grito de pánico).*—¡Amandus! *(Se arroja entre Hans y Amandus.)*

AMANDUS aprieta el gatillo. Una detonación sorda.

ANNCHEN *(gritando).*—¡Dios mío! *(Se desploma con las manos en el pecho.)*

AMANDUS *(tira la escopeta, con rugido demencial)*.—¡Muerta! ¡Muerta! ¡Y bien muerta! *(Se aleja corriendo.)*

HANS *(sobre ella, enloquecido)*.—¡Anna! ¡¡Qué...!! ¡A-nna! *(Aturdido, se pone de pie y hace gestos inconexos.)*

ANNCHEN *(débilmente)*.—¿Estás... bien, Hans?

CAPELLÁN *(llega desde el exterior, con ropa de viaje; en un primer momento no ve qué está pasando)*.—¿Está el señor párroco...? ¡¡Santo Dios!! ¡Pannie! ¿Qué ha pasado aquí? *(Mira a Hans, corre hacia Annchen.)*

HANS *(de aquí allá, enloquecido)*.—¡Le ha disparado! ¡El loco! ¡Lo mato! ¡¡No...!! *(Junto a Annchen.)* ¡Annchen, no te mueras! ¡Por piedad! ¡Se está muriendo! *(Se pone de pie.)*

HOPPE *(entra corriendo)*.—¿Qué ha hecho Aman...? *(Va hacia Annchen.)* ¡Annachen, Annachen! *(Gimiendo.)* ¡Hija! *(Gritando.)* ¡El médico! ¡El médico!

CAPELLÁN *(junto a Annchen; se yergue)*.—Demasiado tarde para la ciencia humana.

HANS *(empuja al capellán para apartarlo)*.—¡Usted no! ¡Yo, yo! *(Intenta cerrar la herida.)*

CAPELLÁN *(con voz apagada)*.—Ahora hay que pensar en que su alma inmortal no se pierda eternamente. *(Se inclina sobre ella con las manos juntas.)* Pannie, ¿se arrepiente?

ANNCHEN extiende las manos hacia Hans.

CAPELLÁN *(subiendo la voz)*.—¡Pannie! Como su confesor... ¡En la hora de su muerte! ¿Se arrepiente?

ANNCHEN ha rodeado con sus brazos a Hans y, mientras pierde la consciencia, asiente con la cabeza.

HANS la sostiene en sus brazos y hace indecibles esfuerzos por dominarse.

CAPELLÁN *(intenta apartar a Hans de Annchen).*—¡Pannie, déjelo!

HOPPE *(se ha levantado de la silla, se interpone y aparta al capellán).*—¡Antes de que sea demasiado tarde, señor capellán! ¡Tus pecados han sido perdonados, hija mía! *Deinde te absolvo.* ¡Vete en paz! *(Susurrando.)* Saluda a Jettchen y a todos los demás. *(Tiene que sentarse.)*

ANNCHEN *se hunde. Una exhalación convulsiva. El cuerpo yace rígido.*

HANS *(con un horrible grito).*—¡Se… acabó! *(Sollozando convulsivamente, se arroja sobre ella.)*

Telón

Este libro se publicó
el mes de julio
del año 2025

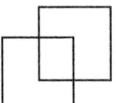